Hartmut Ronge

Alles über Jesus

Hartmut Ronge

Alles über Jesus

Leben und Werk

Wissenswertes und Hintergründe

Brendow
VERLAG + MEDIEN

Für meinen Vater

Bibliografische Information der Deutschen Nationalbibliothek
Die Deutsche Nationalbibliothek verzeichnet diese Publikation in der Deutschen Nationalbibliografie; detaillierte bibliografische Daten sind im Internet über http://dnb.d-nb.de abrufbar.

ISBN 978-3-86506-272-7

Einbandgestaltung: Brendow Verlag, Moers
Titelfotos: Colourbox
Satz: Satzstudio Hans Winkens
Druck und Bindung: CPI – Clausen & Bosse, Leck
Printed in Germany

www.brendow-verlag.de

Inhalt

Vorwort

Wer war Jesus? Wann, wo und unter welchen Umständen kam er auf die Welt? Wie lebte er? Hatte er Geschwister? Weshalb musste er sterben? Wie entstand das Christentum? Wo sind die Grenzen zu anderen Religionen? Ist Jesus wirklich das Christkind? Und wer leidet eigentlich bei der Matthäuspassion?

Ob man nun an ihn glaubt oder nicht, der Mann aus Nazareth hat Spuren hinterlassen – in unserer Kultur, unserem Wortschatz, unserem Alltag. Seine Geburt ist die Basis unserer Zeitrechnung; das Kirchenjahr, das auch unseren kulturellen Kalender prägt, ist nach ihm ausgerichtet.

Jesus wird von jüdischen, griechischen und römischen Geschichtsschreibern erwähnt und auch durch andere nichtchristliche Zeugnisse als historische Persönlichkeit bestätigt, die wirklich gelebt hat. Das Neue Testament verkündet Jesus als Christus, den Messias und Sohn Gottes, der sein Leben am Kreuz geopfert hat, um die Menschen zu erlösen und ewiges Leben zu schenken. Er hat die Gesetzlichkeit aufgehoben und ist das Abbild seines Vaters – in ihm wird der unsichtbare Gott sichtbar. Christen folgen ihm nach und sagen: Jesus lebt.

Dieses Buch will ein wenig hinter die Kulissen blicken, Hintergründe aufzeigen und auf unterhaltsame Art und Weise das große Geheimnis um diese ganz besondere Person Jesus näherbringen. Viel Spaß beim Lesen!

Hartmut Ronge

JESUS UND DIE NEUE ZEITRECHNUNG

Eine neue Zeit

Mit Jesus begann eine neue Zeitrechnung – im wahrsten Sinne des Wortes. Weltweit wird heute fast überall die Zeit »nach Christus« gezählt und somit die Geburt von Gottes Sohn als Anfangspunkt genommen.

Da ja Rom das damalige Machtzentrum war, war die Gründung Roms im Jahre 753 vor Christus Ausgangspunkt der damaligen Zeitrechnung. Wäre Jesus nicht geboren, auf dem unsere heutige Kalenderzählung beruht, hätten wir beispielsweise 2000 bereits das Jahr 2753 geschrieben.

Die Römer orientierten sich

nach der legendären Gründung Roms, die der Schriftsteller Marcus Terentius Varro ins Jahr 753 vor Christus legte. Und man rechnete nach Steuerjahren, nach Konsulatsjahren und Regierungs- beziehungsweise Lebensjahren der römischen Kaiser. In Lukas 2, Vers 1 heißt es, dass Kaiser Augustus den Befehl erließ, alle Bewohner des Reiches das allererste Mal in Steuerlisten einzutragen. Dies geschah »zur Zeit, als Quirinius Statthalter von Syrien war« (Lukas 2, 2).

Die biblische Zeitrechnung

ist eine recht verworrene Angelegenheit. In Ägypten und Babylonien orientierte man sich an wichtigen Ereignissen und fasste alles in Listen zusammen. In Assyrien hingegen wurden die Jahre nach Namen von Königen, Statthaltern und Hofbeamten ausgerichtet. Jahresbeginn war entweder im Frühling oder im Herbst.

Die Hauptjahreszeiten des Jahres waren Sommer und Winter (Genesis 8, 22; Jesaja 18, 6); bei den klimatischen Verhältnissen Palästinas traten das Frühjahr und der Herbst nicht sonderlich hervor.

Wie entstand unsere heutige Zeitrechnung?

Der skythische Mönch Dionysius Exiguus gilt als Begründer der heutigen christlichen Zeitrechnung, die er im Jahre 525 erstmals vorschlug. Er war eigentlich mit der Berechnung des Ostertermins beauftragt und musste aus verschiedenen Kalendarien (Mond- und Sonnenzyklen) eine Einheit bilden. Dabei verrechnete er sich um wenige Jahre. Dieser falsche Nullpunkt setzte sich jedoch durch. Die Weltgeschichte ließ sich von nun an klar in eine Zeit »vor« und in eine Zeit »nach Christus« einteilen.

Das richtige Datum von Christi Geburt

Es besteht heute Einigkeit darüber, dass der Beginn unserer Zeitrechnung nicht das tatsächliche Geburtsjahr Jesu ist. In den Evangelien nach Lukas und Matthäus wird berichtet, dass Jesus zur Zeit des Königs Herodes des Großen zur Welt kam. Da Herodes aber bereits im Jahr 4 vor Christus starb, muss die Geburt Jesu etwas früher gewesen sein – Bibelforscher datieren sie auf 7/6 vor Christus.

Außerdem haben Astronomen herausgefunden, dass zu dieser Zeit am Himmel eine ganz außergewöhnlich enge Konstellation von Saturn und Jupiter zu sehen war, die durchaus als ein einziger Stern (Weihnachtsstern) gedeutet werden kann, der die drei Weisen erst zu Herodes und dann zur Krippe führte. Aus Furcht vor einem neuen König ließ Herodes alle Kinder bis zum Alter von zwei Jahren töten – auch dies ein Hinweis auf die ungefähre Datierung von Jesu Geburt.

JESUS UND DER JAHRESKREIS

Unser ganzer Jahreslauf mit seinen Festen
richtet sich aus und orientiert sich an Jesus. Das Kirchenjahr ist angelehnt an die Geschichte des Heils, die Gott in Jesus mit der Menschheit begonnen hat. Die 365 Tage unseres Kalenders sind nach diesen Höhepunkten im Jahreslauf eingeteilt. Hierbei wird unterschieden zwischen dem weltlichen Jahr (Beginn am 1. Januar) und dem Kirchenjahr, das bereits mit der Adventszeit anfängt. So zeigt uns das Kirchenjahr eine chronologische Abfolge der ganzen Heilsgeschichte und hält die Christen damit dazu an, die Gegenwart des Herrn bewusst zu erleben und zu feiern. Sie erleben darin die Freude an seinen Taten und bekommen die unermessliche Fülle seiner Gaben vor Augen geführt.

Die gesamte Einteilung ist geprägt
vom Gedenken an Jesus Christus, der Mensch wurde (Advent, Weihnachten), ans Kreuz ging, um die Menschen mit Gott zu versöhnen (Passion), auferstanden ist (Ostern), erhöht wurde (Himmelfahrt), sich in der Kraft des Heiligen Geistes als der lebendige und wahre Herr erweist (Pfingsten) und wiederkommen wird zu richten die Lebenden und die Toten (Ende des Kirchenjahres).

DAS LEBEN JESU ALS CHRONOLOGIE

Zur besseren Orientierung folgt hier eine kurze »Wegbeschreibung« durch das Leben und Wirken Jesu. Diese chronologische Übersicht zeigt auf, was nacheinander geschah – die gesamten Ereignisse sind mit Bibelstellen versehen, sodass entsprechend nachgelesen werden kann.

I. Johannes der Täufer, Jesu Geburt und Jugend

Lukas 1, 1-4	Vorwort des Lukas
Lukas 1, 5-25	Die Geburt von Johannes dem Täufer wird angekündigt
Lukas 1, 26-38	Jesu Geburt wird angekündigt
Lukas 1, 39-45	Maria besucht Elisabeth
Lukas 1, 57-66	Johannes der Täufer wird geboren
Matthäus 1, 1-17	Jesu Stammbaum
Matthäus 1, 18-25	Ein Engel besucht Josef
Lukas 2, 1-20	Jesus wird geboren
Lukas 2, 21-40	Jesu Beschneidung: Der Retter ist da
Matthäus 2, 1-12	Die Weisen aus dem Morgenland
Matthäus 2, 13-23	Flucht nach Ägypten
Lukas 2, 41-52	Der zwölfjährige Jesus im Tempel

II. Taufe und Versuchung Jesu, erste Jünger, erste Wunder

Markus 1, 1-8	Johannes der Täufer weist auf Jesus hin
Markus 1, 9-13	Jesus wird getauft
Matthäus 4, 1-11	Jesus wird auf die Probe gestellt
Johannes 1, 1-18	Gott wird Mensch in Jesus
Johannes 1, 19-28	Das Zeugnis Johannes des Täufers
Johannes 1, 29-51	Johannes der Täufer redet über das Lamm Gottes. Jesus findet erste Jünger
Markus 1, 14-20	Predigt in Galiläa. Die ersten Jünger
Johannes 2, 1-12	Die Hochzeit zu Kana
Johannes 2, 13-25	Die Tempelreinigung
Johannes 3, 1-21	Jesus und der Pharisäer Nikodemus
Johannes 3, 22-36	Johannes tritt hinter Jesus zurück
Johannes 4, 1-42	Jesus und die samaritanische Frau
Johannes 4, 43-54	Jesus heilt den Sohn eines Beamten
Johannes 5, 1-16	Die Krankenheilung am See Betesda
Johannes 5, 17-47	Jesus erklärt die Vollmacht des Sohnes

III. Die Wirksamkeit Jesu in Galiläa

Markus 1, 21-28	Jesus erweist seine Macht
Markus 1, 29-39	Jesus heilt die Schwiegermutter des Simon und viele andere Menschen
Markus 1, 40-45	Die Heilung eines Aussätzigen
Markus 2, 1-12	Heilung eines Gelähmten
Markus 2, 13-17	Die Berufung des Zolleinnehmers Levi
Markus 2, 18-22	Die Frage nach dem Fasten
Markus 2, 23-28	Der Ruhetag ist für den Menschen da
Markus 3, 1-6	Gesetzlichkeit oder Liebe?
Markus 3, 7-12	Jesus heilt am See Genezareth
Markus 3, 13-19	Die Einsetzung der zwölf Apostel

Markus 3, 20-35	Wer gehört zu Jesus?
Markus 4, 1-20	Das Gleichnis vom Sämann
Markus 4, 21-25	Der Vergleich mit der Lampe
Markus 4, 26-29	Das Gleichnis vom Wachsen der Saat
Markus 4, 30-34	Das Gleichnis vom Senfkorn
Markus 4, 35-41	Jesus stillt einen Sturm
Markus 5, 1-20	Jesus heilt einen Besessenen
Markus 5, 21-43	Jesus heilt eine kranke Frau und erweckt ein Mädchen vom Tod
Markus 6, 1-6	Unglaube in Nazareth
Markus 6, 7-13	Die Aussendung der zwölf Apostel
Markus 6, 14-29	Vom Tod des Täufers Johannes
Markus 6, 30-44	Jesus macht fünftausend Menschen satt
Markus 6, 45-52	Jesus geht über das Wasser
Markus 6, 53-56	Jesus heilt Kranke am See Genezareth
Johannes 6, 22-59	Jesus ist das Brot, das Leben gibt
Johannes 6, 60-65	Jesus stellt seine Jünger vor die Wahl
Johannes 6, 66-71	Das Bekenntnis des Petrus
Markus 8, 27-30	Das Bekenntnis des Petrus
Markus 7, 1-23	Von wahrer Reinheit und Unreinheit
Markus 7, 24-30	Der unerschütterliche Glaube einer nichtjüdischen Frau
Markus 7, 31-37	Jesus heilt einen Taubstummen
Markus 8, 1-9	Die Speisung der Viertausend
Markus 8, 14-21	Warnung vor den Priestern und vor Herodes
Matthäus 9, 27-34	Heilung zweier Blinder und eines Stummen
Matthäus 11, 1-19	Jesus und Johannes der Täufer
Matthäus 11, 20-24	Jesu Urteil über seine Zeitgenossen
Matthäus 11, 25-30	Jesus, der Heiland für die Unmündigen und Bedrückten
Matthäus 12, 15-21	Jesus heilt viele Menschen und erfüllt die Prophetie des Alten Testaments

Matthäus 12, 33-37	An den Früchten erkennt man den Baum
Matthäus 13, 24-30	Das Gleichnis vom Unkraut im Weizen
Matthäus 13, 33-35	Vom Senfkorn und vom Sauerteig
Matthäus 13, 44-46	Der Schatz im Acker und die kostbare Perle
Matthäus 13, 47-52	Das Gleichnis vom Fischnetz
Matthäus 14, 34-46	Heilung vieler Kranker
Matthäus 15, 29-31	Weitere Heilungen
Lukas 7, 1-10	Ein römischer Hauptmann vertraut Jesus
Lukas 7, 11-17	Jesus erweckt ein totes Kind zum Leben
Lukas 7, 36-50	Jesus bei dem Pharisäer Simon

IV. Laubhüttenfest und Tempelweihe in Jerusalem

Johannes 7, 1-24	Die Reise zum Laubhüttenfest
Johannes 7, 25-36	Jesus im Widerstreit der Meinungen
Johannes 7, 44-53	Versuch einer Gefangennahme Jesu
Johannes 8, 1-11	Jesus vergibt der Ehebrecherin
Johannes 8, 12-20	Das Licht, das zum Leben führt
Johannes 8, 21-30	Woher Jesus kommt und wohin er geht
Johannes 8, 31-47	Über wahre Freiheit
Johannes 8, 48-59	Jesus, ein Gotteslästerer?
Johannes 9, 1-41	Jesus heilt einen Blindgeborenen
Markus 8, 22-26	Jesus heilt einen Blinden
Johannes 10, 1-30	Jesus – der gute Hirte
Johannes 10, 31-42	Jesus im Kreuzverhör
Markus 8, 10-13	Die Pharisäer fordern einen Beweis
Matthäus 12, 38-42	Jesus lehnt die Zeichenforderung der Pharisäer ab

V. Letzte Reise nach Jerusalem

Markus 8, 31-33	Jesus spricht erstmals von seinem Tod
Markus 8, 34-38	Von der Nachfolge
Markus 9, 1	Vom Kommen des Reiches Gottes
Markus 9, 2-13	Drei Zeugen der Herrlichkeit Jesu
Markus 9, 14-29	Die Heilung eines besessenen Jungen
Markus 9, 30-32	Jesus kündigt zum zweiten Mal sein Leiden, Sterben und seine Auferstehung an
Markus 9, 33-37	Der Rangstreit der Jünger
Markus 10, 1-12	Über Ehe und Ehescheidung
Markus 10, 13-16	Jesus segnet die Kinder
Markus 10, 17-27	Warnung vor der Gefahr des Reichtums
Markus 10, 28-31	Der Lohn für die, die alles aufgeben
Markus 10, 32-34	Jesus spricht zum dritten Mal von seinem Tod
Markus 10, 35-45	Vom Herrschen und vom Dienen
Markus 10, 46-52	Jesus heilt den blinden Bartimäus
Matthäus 17, 24-27	Von der Zahlung der Tempelsteuer
Matthäus 18, 15-20	Von der Verantwortung füreinander
Matthäus 18, 21-35	Jesus redet über Vergebung. Das Gleichnis vom Schuldner, der Barmherzigkeit erfährt
Matthäus 20, 1-16	Von den Arbeitern im Weinberg
Lukas 9, 51-56	Jesus wird von Samaritern abgewiesen
Lukas 10, 29-37	Das Gleichnis vom barmherzigen Samariter
Lukas 10, 38-42	Jesus besucht Maria und Marta
Lukas 11, 1-8	Jesus lehrt seine Jünger beten
Lukas 12, 13-21	Jesus warnt vor Habgier
Lukas 13, 1-5	Der Zusammenhang von Schuld und Unfall
Lukas 13, 6-9	Das Gleichnis vom Feigenbaum

Lukas 14, 1-6	Helfen am Sabbat verboten?
Lukas 14, 7-14	Über Demut und wahre Wohltätigkeit
Lukas 14, 25-35	Was Jesus von denen verlangt, die ihm folgen wollen
Lukas 15	Vom verlorenen Schaf, vom verlorenen Groschen und vom verlorenen Sohn
Lukas 16, 1-13	Das Gleichnis vom ungerechten Verwalter
Lukas 16, 14-18	Neue Maßstäbe – Spott der Pharisäer
Lukas 16, 19-31	Jesus spricht über das Gesetz Mose und die neue Zeit
Lukas 17, 11-19	Jesus heilt zehn Aussätzige
Lukas 17, 20-37	Vom Kommen des Gottesreiches
Lukas 18, 1-8	Das Gleichnis von der bittenden Witwe
Lukas 18, 9-14	Das Gleichnis vom Pharisäer und Zöllner
Lukas 19, 1-10	Jesus besucht Zachäus, den Zöllner
Lukas 19, 11-27	Das Gleichnis vom anvertrauten Geld

VI. Abendmahl, Verhör, Kreuzigung und Tod

Markus 11, 1-10	Jesus kommt nach Jerusalem und wird als König empfangen
Markus 11, 11-14	Die Verfluchung des Feigenbaums
Markus 11, 15-19	Jesus jagt die Händler aus dem Tempel
Markus 11, 20-26	Von Glauben, Gebet und Versöhnlichkeit
Matthäus 21, 28-32	Das Gleichnis von den ungleichen Söhnen
Markus 11, 27-33	Woher nimmt Jesus seine Vollmacht?
Markus 12, 1-12	Von den bösen Weinbergspächtern
Markus 12, 13-37	Pharisäer und Sadduzäer befragen Jesus
Markus 13, 1-37	Jesus kündigt die Zerstörung des Tempels an und spricht vom Ende der Welt
Matthäus 22, 1-14	Das Gleichnis von der königlichen Hochzeit

Matthäus 25, 1-13	Das Gleichnis von den klugen und törichten Jungfrauen
Matthäus 25, 31-46	Vom Weltgericht
Markus 14, 1-9	Eine Verschwörung gegen Jesus
Markus 14, 10-11	Judas bekommt 30 Silberlinge
Markus 14, 12-25	Jesus feiert mit seinen Jüngern das Passahmahl – Das Abendmahl
Johannes 16, 5-15	Über den Heiligen Geist
Markus 14, 43-46	Judas verrät Jesus – Jesu Verhaftung.
Markus 14, 66-72	Petrus behauptet, Jesus nicht zu kennen
Markus 14, 53-15, 47	Verhör, Kreuzigung und Tod

VII. Auferstehung und Himmelfahrt

Markus 16, 1-8	Jesus lebt
Markus 16, 9-14	Die Erscheinungen des Auferstandenen
Lukas 24, 13-35	Jesus begegnet zwei Jüngern auf dem Weg nach Emmaus
Markus 16, 15-20	Taufbefehl und Himmelfahrt

HINWEISE AUF JESU KOMMEN

Jesus – welche Hinweise gab es auf sein Kommen?

Während der ganzen alttestamentlichen Zeit gab es konkrete Hinweise auf die Abstammung des erwarteten Messias – es wurde auf sein Erscheinen immer wieder klar und deutlich hingewiesen. Sowohl über das Wunder der jungfräulichen Geburt (Jesaja 7, 14), auf sein irdisches Leben als auch auf den Tod, die Auferstehung und sein zukünftiges zweites Kommen: Jesus soll als Mensch auf die Erde kommen (1. Mose 3, 15), und zwar aus Abrahams Samen (1. Mose 22, 17f.). Der Messias soll aus dem Stamm Juda hervorgehen (1. Mose 49, 10) – aus dem Hause Davids (2. Samuel 7, 12-14), ein rechtmäßiges Anrecht auf dessen Thron haben und Gott sein (Jesaja 9, 6). Es wird sogar sein Name, seine Aufgaben (Jesaja 9, 6-7; Jesaja 53) sowie seine Geburtsstadt Bethlehem genannt (Micha 5, 1).

Was ist ein Prophet?

Ein Prophet ist ein Gesandter Gottes – also ein Mensch, den Gott zu seinem Sprecher gemacht hat. Er wurde auserwählt, um im Sinne seines Glaubens Vorbild zu sein und ein Ideal vorzuleben, um zu predigen und zu prophezeien, also von kommenden Personen und Ereignissen vorausschauend zu erzählen. Ein Prophet gibt empfangene Botschaften weiter. Er hat die Aufgabe, das zu erläutern, was ihm von Gott gesagt (= offenbart) wurde, und entsprechende Erkenntnisse weiterzugeben. Ein Prophet leitet an, ermutigt und klärt auf, er mahnt und tröstet, er ist Gesandter und Wegbereiter. Er ist kein einfacher Sternendeuter oder Vorhersager der Zukunft, sondern sein Auftrag beinhaltet die zukunftsgerichtete Warnung und die Verkündigung des Willens Gottes für die Gegenwart.

Der Stammbaum Jesu

Viele Gelehrte gehen davon aus, dass in Matthäus 1, 1-17 die Vorfahren Josefs genannt werden, während in Lukas 3, 23-38 die Ahnenreihe Marias aufgelistet ist. Beide Stammbäume zusammen stellen ihrer Meinung nach den Nachweis dafür dar, dass Jesus sowohl das natürliche leibliche Recht (über seine Mutter) als auch das gesetzliche Recht (über seinen Vater) auf den Thron Davids hatte.

Vor der Zerstörung Jerusalems durch die Römer im Jahr 70 nach Christus war es jedem Bürger möglich, die amtlichen Geschlechtsregister einzusehen. Somit wäre den Feinden Jesu beziehungsweise des jungen Christentums jeder kleine Fehler sofort aufgefallen. Daher kann davon ausgegangen werden, dass die Abstammungslinien absolut korrekt sind.

Welche Abmachung schloss Gott mit David?

Als David König über Israel war, gab ihm Gott die beiden Verheißungen, dass sein Thron ewig Bestand hat und einer seiner Nachkommen für alle Zeiten darauf sitzen wird (2. Samuel 7, 12-13). Dieses Versprechen erfüllte sich in Jesus.

Das Problem mit Jojakin (Konja) und Josef

David hatte mehrere Söhne, doch nur auf Salomo (1. Könige 1, 30) ging das Anrecht auf den Thron über – und damit auch auf seine gesamte Nachkommenschaft. Im Matthäusevangelium wird Jojakin (Konja) als der 14. Nachkomme Davids genannt, Josef (der Verlobte Marias) folgte in der 26. Generation.

Weil Jojakin sündigte (Jeremia 22, 30), schloss nun Gott eine Thronfolge seiner Nachkommen definitiv aus: »Denn er wird das Glück nicht haben, dass jemand seines Samens auf dem Stuhl Davids sitze und fortan in Juda herrsche.« Das bedeutet, dass auch

Josef, dessen Vorfahre Jojakin ja war, niemals auf diesem Thron sitzen konnte. Somit lag der ganze Segen auf der Mutterlinie.

Wäre Jesus nun tatsächlich der reale Sohn Josefs gewesen,
wäre es ihm niemals möglich gewesen, auf dem Thron Davids zu sitzen. Drei Bedingungen mussten ja erfüllt sein, die jetzt aber unmöglich erschienen: Jesus musste ein direkter Nachkomme Davids sein – und somit auch der rechtmäßige Sohn von einem Nachkommen Jojakins. Und er konnte kein echter Sohn eines Nachfahren von Jojakin sein, denn dann hätte auch er unter dem Fluch über Jojakin gestanden – und die Thronfolge wäre ausgeschlossen gewesen.

Wie hat Gott alles gelöst?
Durch das Wunder der jungfräulichen Geburt. Jesus war nicht der leibliche Sohn Josefs, denn bis zur Geburt Jesu hatte Josef mit Maria noch keinen Verkehr (Matthäus 1, 25). Josef nahm ihn aber als seinen rechtmäßigen Sohn an – und so ererbte Jesus das Anrecht auf den Thron Davids.

Eine Verheißung war noch unerfüllt,
denn die Prophezeiung besagte, dass der Messias ein direkter Nachkomme Davids sein werde. Nun kommt Marias Stammbaum ins Spiel, der in Lukas 3, 23-28 aufgezeichnet ist. Nach jüdischem Brauch wird nicht die Frau, sondern der Mann in den Geschlechtsregistern genannt – deshalb steht in Vers 23 auch nicht »ein Sohn der Maria«, sondern »ein Sohn des Josef«. Dort ist aufgeführt, dass Maria direkt von David abstammt, zwar nicht aus der königlichen Linie Salomos, sondern durch Davids Sohn Nathan (Lukas 3, 31). Somit betraf der Fluch über Jojakin weder sie noch ihr Kind.

Bereits in den Gesetzbüchern Mose stehen deutliche Verheißungen und Vorschriften über Töchter, denen das Erbrecht wegen fehlender männlicher Nachkommen übertragen werden kann

(4. Mose 27, 7-8; 36, 1-12). Neben dem Erbrecht war jedoch die Stammeszugehörigkeit ein viel bedeutsamerer Punkt – bei den Römern war der Vater zuständig, bei den Hebräern galt die Mutterlinie. Jedes Kind einer Jüdin ist von Geburt an Jude.

In Jesus erfüllte sich also
Gottes Verheißung, dass David in Ewigkeit einen Nachkommen haben wird, der auf seinem Thron sitzt. Jesus war kein leiblicher Sohn Josefs und entging daher dem Fluch über Jojakin (Konja). Aber er war der rechtmäßige Sohn Josefs, da dieser ihn als solchen annahm. Somit ererbte Jesus das Anrecht auf Davids Thronfolge. Dazu wurde er von einer Jungfrau geboren und war Gott. Alle alttestamentarischen Prophezeiungen sind somit in Jesus Christus erfüllt.

Das für viele Unverständliche an Jesus
Das Volk erwartete einen »richtigen« König, der sie aus der Knechtschaft befreit. Doch Jesus kam äußerst ärmlich auf die Welt. Die Juden erwarten noch immer das in Jesaja 11 angekündigte Friedensreich – für Christen gilt, dass alle Voraussagen in Jesus längst eingetroffen sind (siehe auch Jesaja 2). Besonders der 22. Psalm schaut hier schon weit in die Zukunft; es ist Christi Leidenspsalm und somit schon im Alten Testament eine prophetische Vorschau auf sein Leben, seinen Leidensweg und ein Lobpreis auf Gottes Gnade.

Jesus
ist die griechische Form des hebräischen Jeschua (Gott ist Hilfe beziehungsweise Rettung).

Sein Name
wurde Maria vom Erzengel Gabriel genannt (Lukas 1, 31): »… du wirst schwanger werden und einen Sohn gebären, und du sollst ihm den Namen Jesus geben.« Und dass dieser Gottes Sohn genannt werden wird, sagte er ihr auch.

»Jesús« ist besonders in spanischsprachigen Ländern bis heute ein geläufiger Vorname. Im 8. Jahrhundert eroberten christliche Nachkommen des Westgotenreichs die iberische Halbinsel zurück, die von muslimischen Eroberern aus Nordafrika besetzt worden war. Im Zuge dieser »Reconquista« wurde dem dort häufig vorkommenden muslimischen Vornamen Mohammed der christliche Vorname Jesus entgegengesetzt.

Jesus – wie wird er sonst noch bezeichnet?

Sein irdischer Name war Jesus, sein göttlicher Christus, Gesalbter oder Messias. Er selbst bezeichnete sich als Menschensohn. Der Titel »Sohn Davids« zeugt von der geschlechtlichen Abstammung und seiner menschlichen Königswürde. Des Weiteren nennt man ihn Immanuel (= Gott ist mit uns; Jesaja 7, 14), Heiland (Lukas 2, 11), Friedefürst (Jesaja 9, 5) und Herr, Bischof (1. Petrus 2, 25), Mittler (1. Timotheus 2, 5) und Hohepriester (Hebräer 4, 14). Er ist der Schlangentreter (1. Mose 3, 15), der zweite Adam (1. Korinther 15, 45), das Lamm Gottes (Johannes 1, 29) und auch der gute Hirte (Psalm 23, Johannes 10, 11).

Jemandem geht ein Licht auf

»Das Volk, das in Finsternis saß, hat ein großes Licht gesehen; und die da saßen am Ort und Schatten des Todes, denen ist ein Licht aufgegangen.« Matthäus beschreibt in seinem Evangelium das erste missionarische Wirken Jesu in der Öffentlichkeit. Jesus hatte gehört, dass Johannes der Täufer ins Gefängnis geworfen worden war. Matthäus sieht damit die Erfüllung einer Verheißung (Jesaja 8, 23ff.). Jesus spricht auch von sich selbst als dem Licht der Welt, das in der Finsternis scheint.

Wenn wir plötzlich etwas verstehen, geht uns ein Licht auf. So, wie Jesus die Dunkelheit erhellt, so kommt dem einen oder anderen auch »die Erleuchtung«, wenn man eine gute Idee hat, etwas versteht oder einsieht oder zu einer besonderen Erkenntnis gelangt.

VORBEREITUNG AUF JESU KOMMEN

Wer bereitete die Menschen auf Jesus vor?
Es war Johannes der Täufer, der wie Christus den Märtyrertod starb. Dieser direkte Vorgänger Jesu sollte die Menschen auf Jesu Kommen vorbereiten und ihre Herzen öffnen (Johannes 1, 6-34). Er lebte sehr asketisch, trug ein Gewand aus Kamelhaaren und ernährte sich vor allem von Heuschrecken und wildem Honig (Matthäus 3, 13-17).

Johannes der Täufer

war ein Bußprediger und klarer Verkündiger des Wortes. Sein Name bedeutet »Der Herr ist gnädig«. Er war der Sohn des betagten Elternpaares Elisabeth und Zacharias und soll in Ain-Karim geboren sein.

Johannes trat um 28 nach Christus in der Gegend um Qumran in Erscheinung und kündigte das Kommen Jesu an. Er rief zur Umkehr, predigte in der Wüste und in Kasr-el-Yahud, wenige Kilometer nördlich vom Zufluss des Jordans ins Tote Meer. Dort hat er die Gläubigen mit Wasser getauft. Auch Jesus hat sich am Jordan diesem symbolischen Akt unterzogen. Johannes (Baptist, eigentlich Deutsch: Täufer, oft als Beiname gebraucht) war den Worten Jesu zufolge der größte Mensch, der je von einer Frau geboren wurde. Er gilt nach christlichem Verständnis als der letzte Prophet des alten biblischen Bundes.

Am Johannistag,

auch Sommerjohanni genannt, wird astronomisch die Sommersonnenwende gefeiert – um den 24. Juni ist der Tag, an dem die Sonne am längsten scheint und die Nacht die kürzeste des ganzen Jahres ist. Christen feiern das Geburtsfest Johannes des Täufers – im Gegensatz zum winterlichen Johannestag, dem Fest des Apostels und Evangelisten Johannes. Andere Gedenktage von Heiligen sind meist ihre Todestage. Das weist auf die große Bedeutung des Johannes hin, er steht als Prophet zwischen dem Alten und dem Neuen Bund und ist der Wegbereiter für den kommenden Erlöser. Der Johannistag wird seit dem 5. Jahrhundert begangen.

Vor allem in Süddeutschland wurden schon immer besonders gerne an Johanni Taufgottesdienste abgehalten.

Warum liegt der Johannistag im sechsten Monat des Jahres?

Im Lukasevangelium (1, 26. 36) steht geschrieben: »Elisabeth ist auch schwanger mit einem Sohn ... und geht jetzt im sechsten Monat ...« Heute wird der Johannistag als eine Art »Sommerweihnacht« gefeiert. Um den Johannistag werden die Nächte länger und die Tage kürzer. Johannes der Täufer verglich den kommenden Erlöser Jesus mit einer aufgehenden Sonne: »Er muss wachsen, ich aber muss abnehmen« (Johannes 3, 30). Da nun ab dem 24. Juni die Helligkeit kontinuierlich abnimmt, wurde dieser Tag Johannes dem Täufer gewidmet.

Mit der Wintersonnenwende am 24. Dezember und der Feier der Geburt Christi gibt es das entsprechende Pendant genau ein halbes Jahr später.

Mariä Verkündigung – Neun Monate vor Weihnachten

ist der Tag, an dem der Engel Gabriel (hebräisch: Gott ist stark) in Nazareth der Jungfrau Maria die Empfängnis und Geburt ihres Sohnes Jesus ankündigte: »Der heilige Geist wird über dich kommen, und die Kraft des Höchsten wird dich überschatten; darum wird auch das Heilige, das von dir geboren wird, Gottes Sohn genannt werden« (Lukas 1, 26-56). Er sprach zu ihr, sie würde ein Kind bekommen, obwohl sie »nicht von einem Manne weiß« (Matthäus 1, 18-25) – was bedeutet, dass sie damals noch mit keinem Mann geschlafen hatte. Also auch nicht mit Josef, ihrem Verlobten. Frauen waren damals bereits mit 13 Jahren im heiratsfähigen Alter.

Am 25. März

sind es genau neun Monate bis zur Geburt Christi an Weihnachten. Der Tag zählt zu den kleinen Festen im Jahreskreis und hat seinen Schwerpunkt nicht in der Marienverehrung, sondern gerade im großen Geheimnis um die Menschwerdung Gottes. Früher säten die Bauern an diesem Tag das Getreide zum Zeichen, dass jetzt neues Leben zu wachsen beginnt.

Seit wann feiert die Kirche dieses Ereignis?

Der »Tag der Verkündigung an Maria« wurde bereits im 5. Jahrhundert begangen – lange Zeit, bevor dann im Mittelalter die Marienverehrung, wie wir sie heute in der katholischen und der orthodoxen Kirche kennen, ihren Anfang nahm. Es war ursprünglich die christliche Variante des Frühlingsanfangs am 22. März. Mit Maria werden Wachstum und Fruchtbarkeit verbunden. Deshalb ist der März der »Marienmonat«, weil hier das Wachstum in der Natur am stärksten ist.

Was bedeutet eigentlich »gebenedeit«?

Ein altes katholisches Gebet – das sogenannte Ave Maria – erzählt von der Verkündigung durch den Engel: »Gegrüßet seist du, Maria ... der Herr ist mit dir. Du bist gebenedeit unter den Frauen, und gebenedeit ist die Frucht deines Leibes, Jesus.« Gebenedeit geht zurück auf das lateinische Wort »benedicere« (bene = gut; dicere = sagen) und bedeutet »über jemanden gut sprechen, ihn segnen, loben, preisen«.

Im heutigen Sprachgebrauch taucht auch hin und wieder noch das gegenteilige Wort »vermaledeit« auf. Es kommt von »male dicere«, meint »schlecht sprechen, lästern, schmähen, verleumden« und bedeutet so viel wie »verflucht« (maledictus = verdammt).

Maria ist die Mutter Jesu

– sie wird von den Katholiken als »Mutter Gottes« bezeichnet. Man spricht zwar von der Dreieinigkeit, aber jede Person ist für sich eine andere. Dennoch ist es eine Gottheit des Vaters, des Sohnes und des Heiligen Geistes. Gott der Schöpfer bleibt ohne Anfang und ohne Ende und kann deshalb selbst keine Mutter haben – Jesus als Mensch schon. Die Bezeichnung »Mutter Gottes« wird von Menschen, die keinen Bezug zum christlichen Glauben haben, daher leicht missverstanden.

Jesus wurde vom Heiligen Geist im Leib der Maria gezeugt; Josef war lediglich der Pflegevater und Vormund (Galater 4, 2). Wenn Jesus sagt, »muss ich nicht sein in dem, das meines Vaters ist«, dann bezeugt er damit, dass Gott der Vater ist, der Zeugende – Maria die Empfangende. Mutter Jesu sollte also die richtige Bezeichnung für Maria sein.

ADVENT – WARTEN AUF JESUS

Advent ist die Wartezeit

auf das Kommen Jesu. Traditionell ist es eine Buß- und Fastenzeit zur Vorbereitung auf die Geburt Christi. Es ist die Zeit der Besinnung, der Einkehr, Umkehr und Stille. Advent soll die Bedeutung des nahenden Weihnachtsfestes als Geburtsfest Jesu herausstellen. Mit dem ersten Advent beginnt ein neues Kirchenjahr.

Was bedeutet eigentlich Advent?

Das lateinische »adventus« heißt übersetzt »Ankunft«. Es beschreibt den doppelten Charakter des Wartens: Die vierwöchige Zeitspanne der Erwartung, der Vorfreude und Vorbereitung auf den bevorstehenden Gedächtnistag Weihnachten im Jahreslauf – an dem man sich an das erste Kommen in seiner Geburt erinnert. Und auf seine erhoffte Wiederkehr am Ende der Zeiten, wo Jesus das zweite Mal erscheint, zum Jüngsten Gericht.

Die Anzahl der Adventssonntage

Der Advent geht zurück auf das 6. Jahrhundert. In der römischen Kirche gab es zunächst eine wechselnde Zahl von 4 bis 6 Adventssonntagen, bis Papst Gregor der Große (590-604) vier Adventssonntage als einheitlich festlegte. Früher war der ursprüngliche Weihnachtstermin der 6. Januar, das Erscheinungsfest. Vom Anfang der Adventszeit bis zum 6. Januar waren es also acht Wochen, was abzüglich der fastenfreien Sonn- und Samstage insgesamt vierzig Tage ergab – und somit sechs Adventssonntage.

Gregor der Große legte im 6. Jahrhundert die Zahl der Adventssonntage auf vier fest. Etwa seit dem Jahr 750 stellt der erste Adventssonntag den Beginn des Kirchenjahres dar. Vier Wochen, vier Kerzen – die Zahl erinnert an die vier Himmelsrichtungen, vier Jahreszeiten, vier Elemente und hatte schon im Alten Testament symbolische Bedeutung: als Zahl der Welt. Die vier Wochen sollen aber auch symbolisch auf die 4000 Jahre hinweisen, die die Menschheit nach kirchlicher Rechnung auf die Ankunft des Erlösers warten musste.

Für die christliche Kirche wurde die römische Adventsliturgie erst 1570 unter Papst Pius V. verbindlich festgelegt.

Sein Licht unter den Scheffel stellen

Jesus ist das Licht der Welt. Er ist gekommen, um Licht in die Finsternis zu bringen, um die Dunkelheit zu erhellen. Deshalb zünden wir jeden Adventssonntag eine Kerze mehr an, weil wir auf die Ankunft Jesu warten. Aber auch wir sollen unser Licht leuchten lassen und unsere Leistungen bzw. guten Seiten nicht aus Bescheidenheit verbergen. In Matthäus 5, 15 heißt es: »Man zündet auch nicht ein Licht an und setzt es unter einen Scheffel, sondern auf einen Leuchter; so leuchtet es denn allen, die im Hause sind.«

Ein Scheffel ist ein Getreidemaß, ursprünglich war es ein kleines hohes Gefäß zum Einteilen und Messen von Gerste und Weizen. Unter solch einer Abdeckung wird die Lichtkraft einer Kerze völlig eingeschränkt. Jesus aber spricht davon, dass jeder zeigen soll, was er kann.

RUND UM JESU GEBURT

Wo wurde Jesus geboren?

Wie im Alten Testament prophezeit (Micha 5, 1), kam er in Bethlehem in der damals römischen Provinz Judäa auf die Welt. Es war die Regierungszeit Herodes des Großen. In Rom herrschte Kaiser Augustus (der Erhabene) – eigentlich hieß er Gaius Octavius.

Josef lebte als Zimmermann in Nazareth

und musste nach Bethlehem, denn seine Vorfahren kamen aus dieser Stadt – er stammte vom Geschlecht Davids ab. Kaiser Augustus hatte eine Volkszählung im gesamten Römischen Reich angeordnet, zu dem im Osten neben Kleinasien auch Syrien und Ägypten gehörten. Daraufhin ging »jeder in seine Stadt«, um sich erfassen (»schätzen«) zu lassen. Josefs Frau Maria war bereits hochschwanger.

War der Weg nach Bethlehem weit?

Von Nazareth waren es ungefähr 150 Kilometer, die Josef und Maria zu bewältigen hatten. Da sie in der Stadt keine Unterkunft fanden und überall abgewiesen wurden, mussten sie schließlich mit einem Stall vorliebnehmen. Dort erblickte Jesus in einer Krippe das Licht der Welt.

Die Hirten auf dem Felde

Als Jesus geboren war, hüteten gerade Hirten in der Nähe ihre Schafe – sie können hier symbolisch als Vertreter der auf Erlösung wartenden Menschheit stehen. Der Engel des Herrn verkündete ihnen dieses große Ereignis. Kurz darauf war der Engel von den »himmlischen Heerscharen« umgeben, die Gott lobten. Der Satz aus dem Lukasevangelium ist vielen Menschen bis heute bekannt: Ehre sei Gott in der Höhe und Frieden auf Erden und den Menschen ein Wohlgefallen.

Nach diesem Ereignis eilten die Hirten zur Herberge, um das Neugeborene zu sehen und es anzubeten.

In vielen Gegenden bezeichnet man den Pfarrer auch als Pastor (Hirte) und nennt die Gemeindeglieder seine Schäfchen.

Wurde Jesus in einem Stall oder in einer Höhle geboren?

Das war eine der Streitfragen zwischen Ost- und Westkirche. Im Lukasevangelium ist bei der Verkündigung, als der Engel zu den Hirten sprach, Folgendes zu lesen: »Ihr werdet ein Kind finden, das, in Windeln gewickelt, in einer Krippe (presepio) liegt.« Presepio bedeutete nun aber nicht nur Krippe beziehungsweise Futtertrog für die Tiere, sondern auch insgesamt Stall. So entschied man sich in Rom für einen Stall als Geburtsstätte.

Die Geistlichen der Ostkirche in Konstantinopel hingegen vermuteten, es hätte sich um eine Höhle gehandelt, die als Stall benutzt wurde – Kirchenvater Origines war sogar davon überzeugt. So ließ Kaiserin Helena (die Mutter von Kaiser Konstantin) im Jahr 335 in Bethlehem eine Kirche über dieser angeblichen Höhle errichten.

Was bedeutet eigentlich Engel?

Es ist die Bezeichnung für ein Medium, durch das Gott seinen Willen kundtut. Das Wort stammt ab von dem griechischen »angelos« (lat. angelus), was so viel heißt wie Bote.

Um 500 entstand das Werk

des Dionysius Areopagita mit dem Titel »Hierarchia coelestis« (Die himmlische Hierarchie). Dort werden neun Hierarchiestufen der Engel beschrieben, an deren oberster Stelle die Cherubim und Seraphim stehen.

In der altkirchlichen Kunst

wurden Engel stets als ungeflügelte Jünglinge wiedergegeben, um jede Ähnlichkeit mit den geflügelten Genien (Genius = Erzeuger) der Antike zu vermeiden. Nach altrömischem Glauben hatte jeder Mann seinen persönlichen Schutzgeist, brachte ihm Räucher- und Speisopfer und gab ihn beim Eid als Schwurzeugen an – dabei wurde die Schwurhand an die Genitalien gelegt.

Seit dem 4. Jahrhundert

wurden Engel meist mit Flügeln dargestellt, bisweilen sogar auch mit Bart. Später kam der Heiligenschein hinzu. Ihre Bekleidung bestand auf den Darstellungen bis zum Mittelalter aus einem weißen Gewand (Überwurf) und Sandalen. Vom 5. Jahrhundert an einschließlich der Gotik haben die Engel die Gestalt von Jünglingen – ab der Renaissance kamen erstmals Kinderengel als Putten auf. Diese Putti (putto = ital. kleiner Junge) gehen auf hellenistische und byzantinische Vorbilder zurück. Die sogenannten Amoretten oder Eroten galten als verniedlichte Gestaltungen des griechisch-römischen Liebesgottes Eros beziehungsweise Amor.

Wie viele Engel gibt es?

Dies kann keiner genau sagen – man denke nur an den Begriff der himmlischen Heerscharen. Da es aber bereits in frühchristlicher Zeit zahllose Namen der Erzengel gab, beschränkte man sich bei der Zählung der Erzengel auf sieben. Die vier bekanntesten sind Gabriel, Michael, Raphael und Uriel. Die anderen drei heißen Anael, Samael und Zachariel.

Erst 1969 wurden die Namensfeste der Erzengel Gabriel und Raphael mit dem Michaelistag zusammengelegt.

Was ist eigentlich ein Erzengel?

Es hat auf jeden Fall nichts mit der Geologie, dem metallhaltigen Gestein Erz zu tun. Die griechische Vorsilbe »arch« gilt als Basis dieses Wortes – was so viel wie Haupt …, Ober …, oder Meister … bedeutet. Ein Erzengel ist also ein Engel, der eine besondere Leitungsfunktion innehat. Dionysius stellt die Erzengel in seiner Hierarchie auf die zweite Stufe, direkt über die einfachen Engel.

Die Krippe

Wer hat die Weihnachtskrippe erfunden?

Franz von Assisi soll am 25. Dezember 1223 in einer Waldgrotte bei Greccio mithilfe von lebensgroßen Figuren, echten Hirten und Tieren die frohe Botschaft der Geburt Jesu erzählt haben. Bei der Mitternachtsmesse gestaltete er neben dem aufgestellten Altar ein ganzes Szenario mit einer Krippe aus Stroh und wollte auf diese Art den Gläubigen das Weihnachtsgeschehen realitätsnah zeigen.

Diesen Brauch nahmen andere italienische Kirchen und Klöster auf und die Art der Verkündigung wurde dann ab Mitte des 16. Jahrhunderts vor allem durch die Jesuiten und Dominikaner über die Alpen gebracht – bereits 1562 ist eine Krippe in Prag belegt. Der vom heiligen Franziskus gegründete Franziskanerorden, dessen Klöster mitten in den europäischen Großstädten als eine Art Stadtmission tätig waren, half wesentlich bei der Verbreitung. Die Krippen wurden aber nicht nur bestaunt: Wohlhabende Bürger legten darin Opfergaben ab, die dann unter den Armen verteilt wurden. Heute gibt es in Greccio ein großes Krippenmuseum – und die Partnerstadt heißt Bethlehem.

Wie entstanden die Krippenspiele?

Sie entwickelten sich aus den oben genannten Krippendarstellungen. Damals konnten nur Gelehrte und Priester die Bibel verstehen, denn Latein war die Sprache der Gelehrten. Auch lesen konnte fast noch niemand. Es galt jedoch, die Weihnachtsbotschaft noch besser und anschaulicher zu verbreiten, und man versuchte deshalb, die Geburt Jesu für die einfachen Leute auf eine verständliche Art und Weise darzustellen. Eine Jesuspuppe wurde von Kindern und anderen Gemeindegliedern in den Armen geschaukelt. Dazu sang man Wiegenlieder, wie »Joseph, lieber Joseph mein« oder »Zu Bethlehem geboren«. Aus diesen vorgeführten Weihnachtsliedern sind dann die uns bekannten Krippenspiele entstanden. Man begann Rollen zu verteilen und biblische Texte auswendig zu lernen.

In der ersten Zeit

hat man sich nicht alleine auf die Geburt Jesu und die Heilige Familie beschränkt, sondern man spielte die gesamte Heilsgeschichte dem interessierten Publikum vor – es begann im Paradies und endete mit der Auferstehung Christi. Neben den Krippenspielen kennt man heute noch die Passionsspiele, die an Karfreitag aufgeführt werden.

Die erste feste Krippe

in Deutschland stand im Jahre 1607 in einer Münchener Kirche. Krippen wurden anfänglich aus bis zu 150 cm großen Holzfiguren gebaut, damit man auch von den hinteren Bänken etwas sehen konnte. Die Barockzeit war die Blütezeit der Krippenkunst.

Krippenaufführungen gab es lange Zeit nur in den katholischen Gotteshäusern. Die Protestanten gestatteten keine derartigen Spiele in ihren Räumen. Mitte des 18. Jahrhunderts mehrten sich dann im Zuge der Aufklärung auch bei den Katholiken die Stimmen gegen »diese rückständige Form der Religiosität« – man konnte mit der überschwänglichen Ausstattung, mit den wertvoll gekleideten Figuren nichts mehr anfangen. So kam es zu einem zwischenzeitlichen Verbot. Doch die einfachen Leute wollten sich diese lebendige Darstellung des Weihnachtsgeschehens nicht nehmen lassen und fertigten selbst Figuren und Krippen an, um sie zu Hause aufzustellen.

Die ersten privaten Krippen

findet man dementsprechend erst relativ spät in den bürgerlichen Wohnstuben. Erst um 1780 waren sie zunächst in den Alpenländern unter dem Weihnachtsbaum ein fester Bestandteil des Christfestes. Im Laufe des 19. Jahrhunderts schrumpften Maria und Josef mit Jesus und Anhang auf die uns heute bekannte Hand- beziehungsweise Fingergröße. Noch heute ist in vielen Familien das Auspacken, Aufstellen und das Gestalten einer Krippenlandschaft sowie das Nachspielen verschiedener Situationen fester Bestandteil der vorweihnachtlichen Zeit. Die Krippe gilt in Südeuropa noch vor dem Weihnachtsbaum als das typische Weihnachtssymbol.

Warum gehören Ochs und Esel mit zum Krippen-Szenario?

Sie sind wichtige Figuren im Hintergrund und gehören als Basisausstattung zu allen Krippendarstellungen, obwohl sie in der Weihnachtsgeschichte nicht genannt werden. Aber schon in Jesaja 1, 3 steht: »Jeder Ochse kennt seinen Herrn und jeder Esel die Krippe seines Herrn; aber Israel kennt's nicht.« Dies wird in direktem Zusammenhang zu dem Bericht in Lukas 2 über Jesu Geburt gesehen – und deshalb stehen sie mit den anderen Figuren zusammen im Stall. Zudem verweisen sie symbolhaft auf die ärmliche und einfache Herkunft Jesu.

Beim Esel dürfen wir mit Recht vermuten, dass er die hochschwangere Maria von der Stadt Nazareth in Galiläa hinauf ins jüdische Bergland nach Bethlehem getragen hat und so mit in den Stall kam.

Die Bedeutung der beiden Tiere

Der Ochse, ein kastriertes männliches Rind, arbeitet ruhig, kraftvoll und mit großer Ausdauer. Er ist das typische Opfertier des Alten Testaments und ein Vertreter der unter dem Joch des Gesetzes stehenden Juden (Jeremia 28, 14; Hosea 11, 1-7; Galater 5, 1-6).

Ein Joch ist ein geschwungenes und über die Schultern zu legendes Trageholz, um schwere Lasten leichter zu transportieren. Selbst die Propheten setzten sich ein solches Joch als Zeichen der Knechtschaft und Gesetzestreue symbolisch auf (Jeremia 27, 2; 28, 10-11), um ihre Aussagen bildhafter zu machen und für jeden sichtbar Gottes Willen zu dokumentieren. Denn sie hatten ja Verantwortung und Vorbildfunktion.

Wenn Jesus spricht: »Nehmt auf euch mein Joch und lernt von mir … denn mein Joch ist sanft, und meine Last ist leicht« (Matthäus 11, 30), dann meint er damit, dass durch sein Kommen, seinen Tod und seine Auferstehung die äußere Gesetzlichkeit des Alten Testaments aufgehoben ist. Nun ist es allein aus Glaube und Gnade möglich, selig zu werden. Die sozialen Gebote hat Jesus bestärkt, aber den rituellen Vorschriften setzt er ein Ende.

Der Esel, ein unreines Tier,

da Einhufer (Unpaarhufer) und Nicht-Wiederkäuer, ist ein Vertreter der aus den Heiden kommenden gläubigen Gemeinde. Der Esel ist ebenfalls ein Arbeitstier und kommt in der Bibel ca. 130-mal als Reit- oder Zugtier und als Lastenträger vor. Er verlangt stets klares, frisches Wasser, ist dienend und demütig und vor allem ein Tier des Friedens. Ein Esel trägt die schwangere Maria nach Bethlehem und das göttliche Kind ins Asyl nach Ägypten. Und auf einem jungen Esel zieht Jesus später in Jerusalem ein – zum Zeichen, dass er ein Friedensfürst ist – kein Heerführer, kein Unterdrücker, kein machtvoller Despot.

WEIHNACHTEN

Weihnachten ist das Geburtsfest Jesu
und nach Ostern das höchste Fest der Christenheit. Gott selbst ist Mensch geworden und als kleines Kind – und im Gegensatz zu allen anderen Menschen – ohne Erbsünde auf die Erde gekommen. Es beginnt im wahrsten Sinne des Wortes eine neue Zeitrechnung. Der Kern der Weihnachtsbotschaft lautet: Friede und Segen den Menschen auf Erden durch Gottes Sohn.

In der frühen Kirche
gab es neben dem Fest der Auferstehung an Ostern als zweites Hauptfest nur noch den Dreikönigstag. Die Geburt Jesu wurde nicht gefeiert, sondern am 6. Januar beim Epiphaniasfest die Darstellung des Herrn (Erscheinung der Weisen) als Gabenfest und Tauftag begangen – dies galt zugleich als Jahresanfang.

Erst im 2. Jahrhundert besann man sich auf den eigentlichen Termin der Geburt Christi. Im 3. bis 5. Jahrhundert wurde Weihnachten zu einer wichtigen Feier, im 6. bis 9. Jahrhundert entwickelte es sich zum dritten Hochfest der Christenheit. Jetzt bildete sich auch der weihnachtliche Festkreis aus, mit allen Formen, die diesen Zeitraum heute ausmachen. Vom 16. bis zum 19. Jahrhundert wurde Weihnachten immer romantischer, Christbaum, Krippe und Bescherung hielten in die Häuser Einzug – es wurde zum Familienfest.

Mit der Geburt Christi
beginnt bei uns die Weihnachtszeit mit dem Heiligen Abend am 24. Dezember und endet am 6. Januar mit dem Erscheinen der

Heiligen Drei Könige. Die Dauer des eigentlichen Weihnachtsfestes wurde von der Mainzer Synode im Jahr 813 für Deutschland auf vier Tage festgelegt.

24. Dezember – Heiliger Abend

Es ist der Tag des Kirchganges und der Geschenke und gilt auch als Namenstag von Adam und Eva. Durch sie fiel die Sünde auf uns Menschen. Und durch das Erscheinen Christi (Lukas 2, 10-11) haben wir wieder die Möglichkeit uns davon zu befreien, denn Jesus hat die Schuld der ersten Menschen und damit die Schuld der ganzen Menschheit auf sich genommen.

Warum gibt es an Weihnachten Geschenke?

Viele Züge der modernen Weihnachtsfeierlichkeiten stammen aus nachmittelalterlicher Zeit. Die Kinderbescherung kennt man erst seit dem 16. Jahrhundert und war nur in den Kreisen verbreitet, die sich das Schenken auch leisten konnten. Bis ins 19. Jahrhundert war es unter Erwachsenen nicht üblich, sich etwas zu schenken. Nicht Weihnachten, sondern Neujahr war der eigentliche Termin, um kleine Gaben auszutauschen. Dies ging auf eine alte römische Tradition zurück – man begrüßte den ersten Tag mit viel Lärm und Getöse, um Geister und das alte Jahr zu vertreiben. Im Mittelalter war der Neujahrstag noch nicht einheitlich am selben Termin – in England war es der 25. März, in Konstantinopel der 1. September und in Deutschland der 25. Dezember.

Papst Eugen IV. (1431-1447) war das Relikt aus heidnischer Zeit ein Dorn im Auge und so verfügte er, dass es ja eigentlich nur einen einzigen Grund geben könne etwas zu schenken – nämlich, weil Jesus geboren ist. So wurde der Tag mit einem neuen Sinn belegt. 1582 ließ Papst Gregor XIII. den Kalender reformieren. Dadurch fiel Neujahr, wie wir es auch heute noch kennen, auf den

1. Januar. Den gregorianischen Kalender verwenden heute die weitaus meisten Länder der Welt.

Bereits im Mittelalter

waren hohe Festtage neben der kirchlichen Feier vor allem durch das Festmahl gekennzeichnet. Besonders zu Weihnachten spielt es auch heute noch eine große Rolle. So wird in Norddeutschland Heiligabend auch »Vollbauchabend« genannt. Begünstigt wurde das traditionsreiche, übermäßige Essen durch das im November einsetzende Herbstschlachten der seit Frühjahr gemästeten Schweine. So bildet Weihnachten auch den Abschluss der Fastenzeit des Advents.

Die Christnacht

ist eine im wahrsten Sinne des Wortes wunder-volle Nacht – im Mitternachtsgottesdienst, der Christmette, wird feierlich das Evangelium der Geburt Jesu (Lukas 2, 8) verlesen. Im Alten Testament begann ein neuer Tag bereits mit dem Einbrechen der Dunkelheit – »am Vorabend« aus unserer Sicht also. Darum ist die »heilige Nacht« der Auftakt zu Jesu Geburtstag.

Das Wort »Mette« stammt von dem lateinischen »matutina«, dem ersten Gottesdienst am Morgen in den Klosterkirchen. In der Kirche brennen Kerzen und der Weihnachtsbaum erstrahlt ebenfalls in hellem Schein. Zum Abschluss erheben sich alle von den Sitzen und man singt gemeinsam das Lied »Stille Nacht, heilige Nacht!«

25. Dezember – Weihnachten

Wenn ein Kind geboren wird, ist das immer Grund für ein Fest. Gott erniedrigt sich in dem Kind in der Krippe (Johannes 1, 14a). Er gab seinen eigenen Sohn, um uns Menschen den lang ersehnten und angekündigten Retter zu bringen. Das Christfest kündet vom Jubel aller Kreatur. In vielen Ländern werden deshalb auch erst am 25. Dezember zu Jesu Geburt Geschenke ausgetauscht.

Was bedeutet die Bezeichnung Weihnachten?

Wih ist eine Silbe aus dem Mittelhochdeutschen und bedeutet heilig oder auch geweiht. Wih naht war also die Weihenacht beziehungsweise Heilige Nacht.

Ist Jesus wirklich im Dezember zur Welt gekommen?

In der Bibel wird uns von den Hirten erzählt, die nachts auf dem Feld schliefen, als sie von einem Engel geweckt wurden, der ihnen von der Geburt Jesu berichtete (Lukas 2, 8-20). In Palästina ist es – damals wie heute – im Winter so kalt, dass man nicht im Freien übernachten konnte. Auch die Zeit zwischen Aussaat und Ernte, also Frühjahr und Sommer, dürfte ausscheiden. Christi Geburt müsste also demnach im Herbst stattgefunden haben. Die Zeit, in der die Schafherden nach alter Tradition auf die Felder getrieben wurden, um die Erntereste zu fressen.

Um den vielen heidnischen

Sonnen-, Geister- und Götterkulten eine christliche Aussage entgegenzusetzen, legte im 3. Jahrhundert (um 217) der Gegenpapst Hippolytos als Erster die Geburt des Herrn auf denselben Tag – den 25. Dezember. Denn für Christen ist alleine der Sohn Gottes »das Licht der Welt« (Johannes 8, 12) und »die Sonne der Gerechtigkeit« (Maleachi 3, 20). Im Jahr 354 bestätigte Papst Liberius den Termin und machte ihn offiziell – und damit für die ganze Kirche verbindlich.

Gab es auch eine biblische Herleitung?

Im Alten Testament heißt es in Haggai 2, 10: »Am 24. Tag des neunten Monats des zweiten Jahres der Herrschaft von König Darius sandte der Herr dem Propheten Haggai folgende Botschaft.« Nach der Rückkehr aus der babylonischen Gefangenschaft baute Serubbabel (der Statthalter der Provinz Juda) den Tempel wieder auf. Da das Jahr im März/April begann, ist der neunte Monat der heutige Dezember. Am 24. Tag wurde der Tempel gegründet (Haggai 2, 18). Die Makkabäer eroberten ihn im Jahr 165 vor Christus. Sie weihten ihn mit Licht ebenfalls am Abend des 24. Tages im neunten Monat und nannten das Fest »Weihetag«.

Die Juden feiern noch heute Chanukka jeweils am 25. Tag des neunten Monats in Erinnerung an die damalige Tempelweihe. Die Christen übernahmen dieses Lichterfest und belegten es mit neuem Inhalt. Aus dem Weihetag wurde Weihnachten.

Weihnachtsschmuck und Traditionen

Über die Jahrhunderte haben sich verschiedene Elemente des Feierns fest in der westlichen Kultur etabliert. Kerzen schenken Licht und Wärme – und symbolisieren dadurch die Helligkeit und Freude, die durch Jesus in die Welt gekommen ist.

Ein Pastor aus Pommern stellte im Jahre 1870 einen Tannenbaum mit Kerzen in seine Kirche. Er war es auch, der aus der Adventskrone von Johann Hinrich Wichern mit seinen »unzähligen« Lichtern (für jeden Adventstag eine) den bekannten Adventskranz mit den vier Kerzen schuf. Der hell erstrahlende Weihnachtsbaum lässt jenes Licht aufscheinen, auf das die vier Kerzen auf dem Adventskranz hingewiesen haben.

Glitzerschmuck hatte ursprünglich

eine ganz besondere Bedeutung. Die drei Weisen aus dem Morgenlande schenkten dem Jesuskind Gold, Weihrauch und Myrrhe. Sie machten ihm also lauter Kostbarkeiten zum Geschenk.

Der Schmuck am Baum soll nun auch symbolisch verdeutlichen, dass wir ebenfalls bereit sind, ihm das zu geben, was uns lieb und kostbar ist.

Nüsse

werden schon von alters her dazu benutzt, um den Baum zu schmücken. Dieses reine Naturprodukt wurde durch Versilbern, Vergolden oder Verzuckern etwas ansehnlicher gemacht. Ab und an durfte natürlich auch eine Nuss vom Baum genommen und gegessen werden.

Die harte Schale mit ihrem geschützten und wertvollen Kern symbolisiert das in das gesamte Weihnachtsgeschehen eingebettete Wort Gottes. Das schmackhafte Innere spendet Nahrung und ermöglicht durch sein Öl das Licht. Nur wer über das scheinbar wertlose Äußere zum eigentlichen Schatz, dem verborgenen Inneren, gelangt, kann den guten Kern der christlichen Botschaft auch genießen.

Der Christstollen

Bereits 1329 wurde in Sachsen vom Bischof von Naumburg (Saale) ein offizielles Zunftprivileg zur Herstellung dieser Spezialität erteilt. Die erste urkundliche Aufzeichnung stammt aus dem Jahr 1457. Butter war früher in der Vorweihnachtszeit wegen des Adventfastens noch nicht erlaubt – erst Papst Urban gestattete ihre Verwendung im Jahr 1650. Der Christstollen galt als lukratives Handelsobjekt und man bezeichnete ihn als König der Festkuchen. Er wurde weltbekannt und soll durch seine Form und das Übereinanderschlagen des Teiges mit aufgebrachtem Puderzucker an das in weiße Windeln gewickelte Jesuskind erinnern. Er ist ein sogenanntes Gebildbrot und auch unter dem Namen Christbrot bekannt, denn Christus sagte einst: »Ich bin das Brot des Lebens.«

Gebildbrote

stammen aus vorchristlicher Zeit und waren einst reine Opferbrote. Heute gibt es sie zwar je nach Jahreszeit in unterschiedlichen Formen (Christstollen zu Weihnachten, Hasen und Lämmer zu Ostern und so weiter) fast überall zu kaufen – es sind aber oft eher Kuchen und keine richtigen Brote mehr.

Christrosen

wachsen im Gegensatz zu richtigen Rosen nicht an Zweigen, sondern dicht über der Erde. Sie haben große weiße oder rosa beziehungsweise rote Blüten und dunkelgrüne Blätter. Die Nieswurz gehört zu den Hahnenfußgewächsen und blüht in der Adventszeit trotz Eis und Schnee. Unmögliches wird möglich in der Zeit des Wartens auf Christus. Sie gilt als die Königin der Blumen.

Nach einer Legende wuchs sie überall dort, wo die Strahlen des Sterns von Bethlehem die Erde berührten. Ihr Wurzelsaft enthält ein bei Schlangenbissen heilsames Gegengift. Die Christrose steht oft als Symbol der Jungfräulichkeit Marias. Man nennt sie auch Christwurz, Weihnachts-, Schnee- oder Winterrose.

Oftmals findet man aber ebenso Nachbildungen aus weißem Papier in den Zweigen hängen.

Jesus, das Christkind und der Weihnachtsmann

Sowohl das Christkind als auch der Weihnachtsmann wurden von Martin Luther, dem großen Reformator, Mitte des 16. Jahrhunderts als Gabenbringer eingeführt. Der Mann mit dem Silberbart und das Kind mit der Krone sind also in etwa um die gleiche Zeit entstanden. Beide sollten den katholischen Heiligen Sankt Nikolaus verdrängen und mit neuem Inhalt die Gunst der Menschen gewinnen. Sie sollten mehr Bezug zu Jesu Geburt herstellen und erst am Vorabend des 25. Dezember die Kinder bescheren – was sich auch bis zu Beginn des 19. Jahrhunderts so eingebürgert hat.

Gab es einen Vorläufer des Christkindes?

Luzia (die Leuchtende, Glänzende) war in Sizilien zu Hause und soll Christen, die sich vor Verfolgern versteckten, mit Nahrung versorgt haben. Damit sie beide Hände zum Tragen der Naturalien freihatte, trug sie auf dem Kopf einen Kranz mit Kerzen, die ihr den Weg erleuchteten. Weil sie um ihres Glaubens willen Jungfrau bleiben wollte und sich dem ihr versprochenen Bräutigam verweigerte, wurde sie um 300 nach Christus ermordet – der Henker bohrte ihr ein Schwert durch die Brust. In Schweden wird traditionell der Luziatag am 13. Dezember bis heute feierlich begangen.

Die Reformatoren
gaben Luzia ein weißes Kleid und bedeckten das Gesicht mit einem Schleier, der von einem goldenen Stirnband gehalten wird. Dazu bekam sie kleine Flügel und eine Krone auf den Kopf gesetzt. Außerdem war es bereits lange Zeit Brauch, dass zu Weihnachten ein Jesuskind in feierlicher Prozession durch die Kirche zum Altar getragen wurde. Im Laufe der Jahre wurde daraus eine Art Engel, da man die Vorstellung hatte, dass Christus jährlich zum Fest vom Himmel kommt. Beide Gestalten wurden nun schließlich so zum Christkind vereint, einem engelhaften Wesen mit einem schneeweißen Kleid, zwei Flügeln und einer goldenen Krone auf dem blond gelockten Haupt.

Mittlerweile trennt man kaum noch zwischen dem Christkind (Engel) als Gabenbringer – und dem kleinen Christuskind (Jesus) als Gnadenbringer. Beides wurde durch diverse Einflüsse inhaltlich und umgangssprachlich immer mehr vermischt.

DIE HEILIGEN DREI KÖNIGE

Als der Stern den Weisen

im Morgenland am Himmel erschien und sie auf das große Wunder aufmerksam wurden, machten sie sich auf den Weg. Er führte sie zuerst zu König Herodes und schließlich zum Kind in der Krippe. Dieser Morgenstern ist auch heute noch ein Sinnbild für das Licht in der Dunkelheit.

Im Jahreskreis wird am 6. Januar der Ankunft der drei Weisen aus dem Morgenland und vor allem der Anbetung des Kindes gedacht.

Als Herodes vom neuen König der Juden erfuhr,

erschrak er und beauftragte die Sterndeuter, das Neugeborene zu suchen und ihm zu berichten, wo er das Kind finden könne. Den drei Weisen wurde aber im Traum geboten, nicht zu Herodes zurückzukehren. Daraufhin nahmen sie einen anderen Weg nach Hause (Matthäus 2, 1-12). Josef floh mit Maria und Jesus nach Ägypten und sie kamen erst wieder zurück, als König Herodes gestorben war. Sie zogen nach Galiläa, in die Stadt Nazareth.

Epiphanias

Man kennt den 6. Januar seit dem 4. Jahrhundert als den Tag der Heiligen Drei Könige. Das zweitälteste christliche Fest nach Ostern ist noch heute Weihnachtstag (und somit auch Gabenfest) vieler östlicher Kirchen und orthodoxer Christen.

Dieser Tag, der im süddeutschen Raum als Dreikönigstag begangen wird, ist der Tag der überwiegend katholischen Sternsinger und durch viele regionale Volksbräuche bekannt. Am Vorabend des Festes werden das Dreikönigswasser, der Weihrauch und die Kreide für die Haussegnung geweiht.

Da den Magiern die Göttlichkeit durch den Stern von Bethlehem offenbar wurde und durch sie die Gottesherrlichkeit in Christus damit erstmals der Welt erschienen ist (griechisch Epiphàneia = Erscheinung; offenbar werden), spricht die Kirche vom Erscheinungsfest.

Die Bezeichnung Epiphanias

wurde ursprünglich auf den römischen Kaiser angewandt – auf seine Ankunft, sein Auftreten, seine Staatsbesuche. Die römischen Kaiser ließen sich wie Götter verehren. Hierzu passt nun auch die neue Symbolik der drei gelehrten Heiden, die vor Jesus einem König gleich niederknien, ihren Dienst erweisen und ihm Geschenke bringen. Dabei sind nun also nicht sie die Hauptsache, sondern Jesus und seine Göttlichkeit. Eigentlich sind sie durch ihn die Beschenkten.

Waren es wirklich Könige?

Eigentlich waren es »Weise aus dem Morgenland«, die zur Krippe kamen. Der Evangelist Matthäus verwendet das griechische Wort »mágoi«, was »die Weisen« bedeutet und auf Naturwissenschaftler schließen lässt. Von mágoi leitet sich das deutsche Wort Magier ab.

Im Laufe der Zeit wurden daraus Stern- beziehungsweise Zeichendeuter, Philosophen und Astrologen, da man ihnen nachsagt, den Stern von Bethlehem richtig interpretiert zu haben. Doch bei dieser Auslegung ist es nicht geblieben, denn man erinnerte sich an die Worte des Propheten Jesaja (Jesaja 49, 7): »Könige sollen sehen und aufstehen, und Fürsten sollen niederfallen um des Herrn willen …« Und weiter steht im Alten Testament in Psalm 72, 10-11: »Die Könige von Tarsis und auf den Inseln sollen Geschenke bringen, die Könige aus Saba und Seba sollen Gaben senden. Alle Könige sollen vor ihm niederfallen und alle Völker ihm dienen.«

Seit dem 5. Jahrhundert, zur Zeit des Tertullian (Theologe, ca. 160-220 nach Christus), werden die Weisen offiziell als Könige bezeichnet.

Wie viele sie waren
hat man von Geschenken abgeleitet. In Matthäus 2, 11 heißt es: »... Sie gingen in das Haus, wo sie das Kind mit seiner Mutter Maria fanden, knieten vor ihm nieder und ehrten es wie einen König. Dann packten sie ihre Schätze aus und beschenkten das Kind mit Gold, Weihrauch und Myrrhe.« Matthäus erwähnt in seinem Evangelium weder die Namen der Sterndeuter noch ihre Anzahl. Da sie dem neugeborenen Jesus Gold, Weihrauch und Myrrhe bringen, schloss bereits Kirchenvater Origenes um das Jahr 250 auf die Dreizahl der Könige. 445 legte dann Papst Leo I. (der Große) ihre Zahl offiziell fest.

Ab dem 6. Jahrhundert hießen sie
in der lateinischen Tradition zunächst Thaddadia, Melchior und Balytora. Seit dem 8. Jahrhundert kennt man Caspar (»Schatzmeister«), Melchior (»Gott schütze sein Leben«) und Balthasar (»König des Lichts«) – angelehnt an die Könige Gaspar von Indien, Melkon von Persien und Baltassar von Arabien. Im 12. Jahrhundert erfolgte noch zusätzlich eine Unterscheidung in Lebensalter. Bei den syrischen, den armenischen und den äthiopischen Christen dagegen haben sich jeweils andere Namen eingebürgert.

Einer der drei Weisen ist dunkelhäutig
– aber erst seit dem 14. Jahrhundert. Man sah in den dreien die Vertreter der damals bekannten Weltteile Asien, Europa und Afrika – abgeleitet aus den Stämmen der drei Söhne Noahs: Sem, Ham und Jafet – sowie der drei Lebensalter. Also, dachte man sich, müsste auch ein »Schwarzer« darunter vertreten sein. Caspar, der Hamit, war der Jüngste der drei und galt als König von Afrika. Aus seiner spitzen phrygischen Kopfbedeckung leitet

sich die Zipfelmütze des volkstümlichen Kaspers ab. Melchior, der Greis, repräsentierte Europa und somit die weiße Rasse, die Semiten. Und Balthasar, der König aus Asien, war der Mann in der Lebensmitte, ein Nachkomme der Jafetiten. Sem, Ham und Jafet waren die drei Söhne Noahs, aus denen sich alle weiteren Stämme und Generationen ableiten.

Die Legende sagt,
dass die Gebeine der Heiligen Drei Könige von der Mutter des römischen Kaisers Konstantin des Großen (Flavia Iulia Helena Augusta) auf einer Reise von Jerusalem nach Indien geborgen wurden. Ihr wird auch das Finden des Kreuzes Jesu zugeschrieben. Die heilige Helena brachte die Reliquien der drei Männer nach Konstantinopel, wo sie in der St. Sophienkirche beigesetzt wurden. Ende des 4. Jahrhunderts soll sie dann der Kaiser von Byzanz nach Mailand verschenkt haben.

Warum Gold, Weihrauch und Myrrhe?

Was die Symbolik angeht, gibt es verschiedene Deutungen. Manche meinen, die drei Weisen legen dem Sohn Gottes symbolisch für die ganze Menschheit das »Gold des Glaubens und der Liebe«, den »Weihrauch der Hoffnung, der Göttlichkeit und des Gebets« sowie die »Myrrhe des Leidens und des Heils« zu Füßen. In dem Gedicht A solis ortus cardine (Vom Tor des Sonnenaufgangs), das Luther aus dem Lateinischen ins Deutsche übersetzt hat, heißt es, »sie zeigen mit den Gaben drei, dass dies Kind Gott (Weihrauch), Mensch (Myrrhe) und König (Gold) sei«. Andere Ausleger sagen, dass damit auf verschiedene positive Eigenschaften eines Königs angespielt wird: Gold meint Weisheit, Weihrauch Glaube und Gebet, Myrrhe die Tugend der Selbstbeherrschung.

Warum sind die Weisen erst zu Herodes gegangen?

Der neue König hätte ja logischerweise der direkte Nachkomme des Herodes, also sein Sohn, sein können. Die Hohepriester

(Oberpriester des Tempels in Jerusalem) und Schriftgelehrten jedoch wussten genau, was in Micha 5, 1 steht: »Und du, Bethlehem Efrata, die du klein bist unter den Städten in Juda, aus dir soll mir der kommen, der in Israel Herr sei ...« Allerdings erwarteten die Schriftgelehrten damals ja einen Messias, der König von Judäa werden sollte – und Herodes oder einer seiner Söhne wären in religiöser Hinsicht nicht akzeptabel gewesen, weil sie aus dem Volk der Idumäer stammten.

Der Stern

In Matthäus 2, 9 heißt es: »Der Stern, den sie im Morgenland gesehen hatten, ging vor ihnen her, bis er über dem Ort stand, wo das Kindlein war.« Die Erscheinung dieses Sternes war sicher kein vorauszuberechnendes Ereignis. Denn warum sollten die Weisen, von denen man ja meint, dass es Astrologen waren, sonst so erstaunt gewesen sein, als sie ihn sahen? Und noch etwas: Ein Komet mit gekrümmtem Schweif galt damals als Vorbote großen Unheils. Hat dieser also etwa ganz anders ausgesehen? Anders, als wir ihn uns immer vorstellen? Auf jeden Fall war es ein so weltbewegendes Ereignis, dass sogar aus einem fernen Lande Menschen bereit waren, zu kommen und das Neugeborene anzubeten.

Wusste man vielleicht dennoch von einem kommenden Stern?

Ja. Bileam, der zur Zeit der Wüstenwanderung und Landnahme Israels lebte, weissagt nämlich von diesem (4. Mose 24, 17): »Es wird ein Stern aus Jakob aufgehen ...« Er benutzt ein sprachliches Bild, das bedeutet, dass Jesus ein Nachkomme Jakobs ist, dem Stammvater der zwölf Stämme Israels. In Matthäus 2, 2 beziehen sich dann die Weisen auf diese Aussage des Alten Testamentes: »Wir haben seinen Stern gesehen im Morgenland und sind gekommen, ihn anzubeten.«

Durch die Verschleppung des Volkes Israel mögen die Schriften Mose nach Assyrien und Babylonien gekommen sein, an welchen sich fromme Heiden orientiert haben. So könnten auch die Weisen davon erfahren haben.

Heute nimmt man unter anderem auch an,
dass im Jahre 7/6 vor Christus eine besonders enge Stellung der beiden Planeten Saturn und Jupiter stattfand, sodass sie wie ein einziger, besonders heller Stern erschienen (Konjunktion). Der Astronom Johannes Kepler (1571-1630) hatte bereits vor 400 Jahren diese Theorie, die er selbst 1603 beobachten konnte. Er stellte fest, dass diese Konstellation nur alle 805 Jahre eintritt – das vorletzte Mal also im Jahr 7 vor Christus.

Jupiter galt als Stern der Herrschaft, als Königsstern. Saturn wurde mit Israel in Verbindung gebracht. Die Begegnung fand im Sternbild der Fische statt, welches für Palästina stand. Die Konstellation deutete also auf etwas ganz Besonderes hin – auf einen König der Israeliten, der in Palästina geboren ist.

Ursprünglich stand Epiphanias, der Dreikönigstag,
in der Rangordnung weit höher als der Tag der Geburt. Denn die Anschauung war, dass erst die Anbetung durch die Weisen Jesus als Sohn Gottes habe erkennen lassen. Darum feierte man an diesem Tag auch die Taufe Jesu im Jordan und läutete gleichzeitig das neue Jahr ein. Auch weil für Christen das »richtige« Leben ja eigentlich erst mit der Taufe beginnt und somit nicht mit der leiblichen, sondern mit der geistlichen Geburt. Auch die frühen Christen feierten einst nicht den Geburts-, sondern den Tauftag.

Vor allem im Osten, zum Beispiel in der orthodoxen Kirche, ist von alters her der Tauftag Christi das wichtigste Fest der Weihnachtszeit, an dem viele sogenannte Wasserbräuche ausgeübt werden.

MARIA UND JESU FAMILIE

Maria – ewige Jungfrau?

Dass sie den Heiland als Jungfrau empfangen hat, ist eine der Grundlagen des christlichen Glaubens. Ob sie es auch hinterher blieb und tatsächlich keine weiteren Kinder mehr gebar – darüber streiten sich die Gelehrten.

Die Rose von Jericho

Diese unscheinbare runde braune Knolle gibt es heute auf vielen Märkten zu kaufen. Man kann sie jahrelang lagern – legt man sie in etwas Wasser, verwandelt sie sich auf geheimnisvolle Weise. Die wie vertrocknet aussehende, struppig graubraune Pflanze beginnt sich aufzurollen, zu entfalten. Das Wunder ihres Aufblühens zieht sich über Stunden hin, bis die vertrockneten Blätter das grüne Innere freigeben und sich in der Mitte eine rote Blüte entfaltet.

Ihren Namen hat sie von einer Legende. Es wird erzählt, dass überall dort, wo Maria auf ihrem Weg nach Bethlehem ihren Fuß auf den Boden setzte, in der Heiligen Nacht Rosen aufgeblüht sind. Nach einer anderen Legende geschah dies erst später, auf ihrer Flucht nach Ägypten. Maria soll das Gewächs gesegnet und ihm so ewiges Leben verliehen haben. Man nennt die Rose von Jericho auch Wüstenrose oder Auferstehungspflanze. Aus dem Orient, aus Israel und Jordanien kam die Pflanze durch die Kreuzritter, Priester, Händler und Wallfahrer nach Mitteleuropa.

Die klassische Rose

war ab dem Mittelalter die Symbolpflanze der Jungfrau Maria und galt als Zeichen der Verschwiegenheit – dies führte dazu, dass sie in ganz unterschiedlichen Formen und Darstellungen auftauchte. Unter anderem wurden Beichtstühle mit geschnitzten Rosen verziert. Maria sieht man auf Abbildungen oft in einer Rosenlaube stehen. Auch die Redewendung etwas in »sub rosa«, also im Vertrauen sagen, hängt mit der Rose zusammen.

Das bekannte Weihnachtslied »Es ist ein Ros' (Reis = Zweig) entsprungen« bezieht sich auf Jesaja 11, 1 und damit auf das Kommen Christi: »Es wird ein Spross hervorgehen aus dem Stamm Isais (Jesse) und ein Zweig aus seiner Wurzel Frucht bringen.«

Da Jesus Marias erster Sohn war,
galt er als Eigentum Gottes (2. Mose 13, 2) und musste ausgelöst – also zum Priester gebracht und »dargestellt« (präsentiert) werden. Dies tat Maria zusammen mit Josef, als sie zur gebotenen Zeit zum Jerusalemer Tempel gingen.

Im Kirchenjahr wird die Darstellung des Herrn (Mariä Lichtmess) von katholischen Christen am 2. Februar gefeiert. Es ist der 40. Tag nach der Geburt Christi – man kennt hierfür auch die Bezeichnung Mariä Reinigung. An diesem Tag soll zugleich auch an das erste öffentliche Auftreten Jesu erinnert werden.

Als Maria und Josef
den Jerusalemer Tempel besuchten, haben die Prophetin Hannah und ein alter Mann namens Simeon gespürt, dass Jesus kein gewöhnlicher Neugeborener ist – und in ihm den Erlöser erkannt. In Lukas 2, 32 spricht Simeon: »Herr, nun lässt du deinen Diener in Frieden gehen, denn meine Augen haben deinen Heiland gesehen.«

Hatte Jesus Geschwister?
Man kann die Bibel so verstehen, dass er neben seinen Brüdern Jakobus (der zu den Leitern der Jerusalemer Urgemeinde gehörte, Galater 2, 9), Joses, Simon und Judas auch Schwestern hatte

(Matthäus 13, 55.56). Ob es nun aber tatsächlich leibliche Geschwister waren – wie die Westkirche zunächst lehrte – ist nicht eindeutig zu klären. Etliche Ausleger beziehen sich hierbei auf Lukas 2, 7: »Und sie gebar ihren ersten Sohn …«, was in ihren Augen darauf hinweist, dass Maria nach Jesus später noch weitere Kinder mit Josef als Vater auf die Welt brachte. Zudem heißt es in Matthäus 1, 25: »Und er erkannte sie nicht, bis sie ihren ersten Sohn gebar …« Auch dies lässt darauf schließen, dass noch weitere Kinder gefolgt sein können.

Das katholische Dogma der immerwährenden Jungfernschaft

schloss weitere Kinder Marias kategorisch aus. Der Apostel Johannes verkündigt in seinem Evangelium (Johannes 1, 14): »Und das Wort ward Fleisch und wohnte unter uns … als des eingeborenen Sohnes vom Vater, voller Gnade und Wahrheit.« Im griechischen Urtext heißt es genau: »… als Einziggeborenen vom Vater«. Zudem kann man ja auch als Einzelkind Erstgeborener genannt werden.

Brachte Josef Kinder in die Ehe ein?

Wenn man nun davon ausgeht, dass die Mutter Jesu Jungfrau war und es ihr Leben lang auch blieb, kann es nur zwei Möglichkeiten geben: Entweder war Josef ein Witwer, der aus erster Ehe Kinder mitbrachte, oder er kümmerte sich als Ersatzvater (Vormund) um die Kinder eines seiner verstorbenen Geschwister. Und da man damals den Begriff Stiefbruder beziehungsweise Stiefschwester nicht kannte, waren es somit automatisch die Brüder und Schwestern Jesu.

Der Begriff Bruder

hat ja bereits im Alten Testament einen sehr weiten Umfang. Abraham nennt seinen Neffen Lot Bruder (1. Mose 13, 8). In 1. Mose 37, 2 wird berichtet, dass die Söhne Bilhas und Silpas

Josefs Brüder waren, obwohl diese nicht von seiner leiblichen Mutter abstammten. Und in 1. Mose 29, 15 nennt Laban seinen Vetter Bruder.

Zu etwas kommen wie die Jungfrau zum Kind

Die Redewendung wird immer dann gebraucht, wenn Unerklärliches geschieht und man etwas erhält, wozu man nichts von sich aus beigetragen hat (und mit dem man anfangs gar nicht so recht umzugehen weiß). Als der Engel Gabriel zu Maria sprach und ihr die Geburt eines Sohnes ankündigte, war diese überrascht und fragte sich, wie das denn funktionieren sollte. Doch das große Wunder geschah – und die Jungfrau kam zum Kind.

So wird der Spruch heute oft verwendet, wenn man auf spöttische oder humorvolle Art sein Erstaunen über ein plötzliches Geschenk oder eine glückliche Fügung zum Ausdruck bringen möchte.

JESU HERKUNFT

Aus welcher Familie stammte Jesus ab?

Er war Angehöriger des Hauses David, einem Nachkommen von Juda. Juda war einer der zwölf Söhne Jakobs. Jakob, dem Gott später den Namen Israel gab, hatte zwölf Söhne. Ruben, Simeon, Levi, Juda, Issachar, Sebulon, Dan, Naftali, Gad, Asser, Josef und Benjamin. Diese wurden zum Hause Israels, die Stammväter der großen Nationen, und zum verheißenen Volk – Juda war ein Teil davon.

Juda hatte fünf Kinder,

davon drei mit der Tochter des Schua, einer Kanaaniterin: Ger, Onan und Sela (Schela). Dazu noch zwei Kinder mit Tamar, seiner Schwiegertochter. Diese war kinderlos aus der Ehe mit ihrem Mann Ger verwitwet. Auch ihr zweiter Mann, Gers Bruder Onan (der sich selbst befriedigte – daher stammt der Begriff Onanie) starb, ohne ein Kind gezeugt zu haben. Ihr Schwiegervater zögerte, sie mit Sela, dem dritten Bruder (der zu jung war) zu verheiraten.

Kinderlosigkeit stellte ein schlimmes Schicksal und einen drastischen Einbruch in der Altersvorsorge dar. Und weil ihr Schwiegervater eigentlich in der Pflicht stand, sie zu verheiraten, wandte Tamar schließlich eine List an, um von Juda selbst schwanger zu werden. Das »Ergebnis« waren Zwillinge, zwei Söhne: Perez, aus dessen Linie Jesus und auch Josef, sein Pflegevater, abstammt – sowie Serach.

Die Nachkommen der Sela-Juda-Linie

lehnten Jesus aus den verschiedensten Gründen als Messias ab und brachten dies ihm gegenüber auch deutlich zum Ausdruck: »Wir sind nicht unehelich (durch Hurerei) geboren« (Johannes 8, 41). Dies kann sich nicht auf die Jungfrauengeburt Christi bezogen haben, denn, so steht es in Lukas 2, 29 geschrieben: »Maria hielt dieses Geheimnis in ihrem Herzen verborgen.« Die Sela-Juden hatten also Kenntnis von Christi Stammbaum und spielten auf seine Abstammung aus der unehelichen Perez-Linie an. Es wirkt hierbei der Bruderzwist zwischen Sela, Perez und Serach nach, als es um die Thronrechte ging, die die Sela-Juda-Linie nicht zugesprochen bekam (1. Mose 38, 26-30; Hesekiel 47, 19).

Übrigens stammten alle Apostel – bis auf Judas Iskariot – aus Galiläa, waren also keine Sela-Juden.

Der Stein des Anstoßes

Der Prophet Jesaja (Kapitel 8, Vers 14) weist im Alten Testament vorausschauend auf Jesus hin und bezeugt, dass dieser nicht immer bequem sein wird: »Er wird das Heiligtum sein für die beiden Reiche Israels: der Stein, an dem man anstößt, der Fels, an dem man zu Fall kommt.« Ein Stein des Anstoßes ist immer eine Art Stolperstein und Ursache einer Verärgerung – denn wenn man darüber fällt, tut es weh.

Mit der Redewendung »Stein des Anstoßes« bezeichnet man heute vor allem ein Thema, das im übertragenen Sinne den Auslöser eines Streites oder eines Ärgernisses darstellt. Etwas Unbequemes, das im Weg liegt, und über das man sich Gedanken machen muss.

DIE PERSON JESU(S)

Ließ er sich taufen?

Ja. Von Johannes dem Täufer im Jordan. Jesus war ohne Sünde – er wollte ein äußeres Zeichen setzen, sich selbst erniedrigen und sich mit den anderen zusammen, die ebenfalls dem Herrn dienten, ganz bewusst unter Gottes Wort stellen. Nachdem er getauft worden war, öffnete sich der Himmel, der Geist Gottes kam wie eine Taube herab und eine Stimme aus dem Himmel sprach: »Das ist mein geliebter Sohn, an dem ich Wohlgefallen habe« (Matthäus 17, 5).

Was wissen wir über Jesus als jungen Mann?

Fast nichts. Er wuchs in Nazareth auf. Aber sein Leben zwischen dem 13. und dem 30. Lebensjahr bleibt uns verborgen. Die Bibel berichtet uns erst wieder von ihm, als er Zimmermann war, predigte und mit Vollmacht das Wort auslegte.

Wie sah Jesus aus?

Er hatte wohl lange Haare, denn das entsprach dem üblichen Aussehen der einfachen Leute wie Händler, Handwerker und Bauern. Die Reichen und die Römer, die Galiläa besetzt hielten, trugen dagegen kurzes Haar.

Jesu Untergewand bestand nach der damaligen Mode aus einem ärmellosen, am Kragen ausgeschnittenen Leinenhemd. Darüber trug man ein überwurfartiges Gewand aus grober Wolle. Dazu an den Füßen schlichte Sandalen.

Was hat Jesus überhaupt alles gemacht?

Er hat das Volk gelehrt und im rechten Glauben unterwiesen, sie in die Nachfolge gerufen sowie Wunder und Zeichen getan – und dadurch auch seine göttliche Abstammung bewiesen. Jesus sprach zu den Leuten oft in Bildern und Gleichnissen, die sie besser verstehen konnten. Er berief Jünger, machte zwölf davon zu Aposteln und sandte sie aus, das Evangelium (= die frohe Botschaft) allen Völkern zu predigen.

War Jesus ein Wunderkind?

Er war auf jeden Fall etwas ganz Besonderes. Schon mit zwölf Jahren beherrschte er die Thora, kannte sich in den Schriften und mit den Gesetzen aus und konnte so in Jerusalem mit den Gelehrten im Tempel mit Vollmacht diskutieren. Und tat später in der Tat einige Wunder.

War Jesus ohne Sünde?

Er ist ohne Sünde geboren und sagte selbst: »Wer kann mir eine Sünde zeigen?« (Johannes 8, 46). Er musste sündlos sein, um seine Aufgabe – die Erlösung aller Menschen von ihrer Schuld – zu erfüllen. Jesus hat durch seinen Tod alle Sünden auf sich genommen (1. Petrus 2, 22-24; Römer 5, 12-21). Gott sandte seinen Sohn in der Gestalt der sündigen Körperlichkeit (Römer 8, 1-17), um alle, die an ihn glauben, zu erretten.

Wie sprach Jesus?

Das Alte Testament wurde in Hebräisch geschrieben, die Sprache der Gelehrten und der Priester. Das Neue Testament ist in Griechisch verfasst. Dies wurde im östlichen Teil des Römischen Reiches gesprochen.

Seine Muttersprache war Aramäisch, die Umgangssprache in Israel. Drei Stellen in der Bibel bezeugen dies: Er sagte »Hefata« (öffne dich), als er einen Taubstummen heilte. Dann »Talita kum«, als er ein Mädchen von den Toten auferweckte. Seine letzten Worte am Kreuz waren: »Eli, Eli, lema sabachtani?« – »Mein Gott, mein Gott, warum hast du mich verlassen?« Jesus konnte auch Hebräisch, die Sprache der Gelehrten und Priester, und somit die biblischen Texte des Alten Testaments lesen und verstehen.

War Jesus verheiratet?

Nein. Jesus war geschlechtlich an keine Frau gebunden und hat auch im erotischen Sinne keiner Frau nachgesehen oder führte gar eine Beziehung. Seine Liebe war eine Agape-Liebe, durch welche er allen Menschen auf jeder Stufe in ihren Nöten geholfen hat.

Nirgendwo im Neuen Testament sind Ehefrau oder Nachkommen erwähnt. Obwohl er beispielsweise von Judas als Rabbi (hebräisch) und von Maria mit Rabbuni (aramäisch) angesprochen wird – und diese damals größtenteils verheiratet waren. Aber es bedeutet ganz einfach auch nur Meister beziehungsweise Lehrer. Jesus hat ja selbst auch in der Synagoge gelehrt. Im 1. Timotheus (3, 2-13) heißt es, dass es besser sei, wenn Bischöfe (Vorsteher, Aufseher, Wächter mit geistlicher und administrativer Leitung eines bestimmten Gebietes) verheiratet sind und Kinder haben. Aber auch die Möglichkeit aus freien Stücken ehelos im Dienst zu leben, ist gestattet – jeder, wie es ihm gegeben ist (Matthäus 19, 12). Beides war also möglich, es durfte nur kein Zwang ausgeübt werden.

War Jesus jemals krank?

Das weiß man nicht, davon steht in der Bibel nichts geschrieben.

Hat er auch gearbeitet?

Er war vermutlich wie sein Vater ein Zimmermann und bis zu seinem öffentlichen Auftreten in Nazareth tätig. Ein Zimmermann bearbeitete sechs Tage in der Woche auf die verschiedenste Art und Weise Holz; seine Werkzeuge waren Säge, Beil, Feile und

Drehbohrer, Hammer und Meißel sowie kleine handliche Sandsteinplatten zum Schmirgeln.

Wie lange hat Jesus öffentlich gewirkt?

Drei Jahre lang tat er Dienst an den Menschen – er zog umher, predigte, heilte und tat Wunder. Es sind drei Passahfeste bekannt, an denen er teilnahm. Die wichtigsten römischen Provinzen zur Zeit Jesu hießen Judäa, Samaria und Galiläa.

Da er in Galiläa zu predigen begann, wird Jesus manchmal auch der Galiläer genannt.

Hatte Jesus Geld?

Als Handwerker hatte er sicher auch Geld, obwohl zu dieser Zeit circa 80 % der Käufe mit Naturalien bezahlt wurden. Also Ware gegen Ware, wie zum Beispiel Salz gegen Getreide, Gemüse gegen Brot, Obst gegen Wein und so weiter.

Als Jesus mit 30 Jahren schließlich umherzog und nur noch predigte, lebte er von Gaben, wurde eingeladen und aß von den Früchten der Natur.

JÜNGER UND APOSTEL JESU

Was ist ein Jünger?

Als Jünger bezeichnet man Angehörige und Mitarbeiter eines religiösen Lehrers oder Propheten. Sie sind zunächst Schüler, die durch den Erwerb von Wissen und Fähigkeiten besonderes Vertrauen und persönliche Verbundenheit des Meisters genießen. Sie sollen als Nachfolger und Repräsentanten des Lehrers auch nach seinem Tode weiter wirken. Alle Mitglieder einer Gruppe um einen religiösen Lehrer, die keine Jünger sind, werden als Anhänger bezeichnet.

Jesus berief

seine Jünger selbst (Markus 1, 16). Am See Genezareth (Galiläisches Meer) versammelte er die Ersten um sich. Er hatte zunächst zwölf Männer, die ihm nachfolgten. Er sagte zu ihnen, dass ihnen alles möglich sein würde, auch wenn ihr Glaube nur so groß wie ein Senfkorn sei – sie können sogar Berge versetzen (Matthäus 17, 20). Jesus hatte auch Frauen, die ihm folgten, wie Maria Magdalena, Johanna, Susanna und andere (Lukas 8, 1-3).

Als sich in Antiochien die ersten Gemeinden gegründet hatten und die Jünger über ein ganzes Jahr lehrten, wurden diese – so wird es in der Bibel berichtet – als Erste als »Christen« bezeichnet (Apostelgeschichte 11, 26).

Um zu bekräftigen, was ihm besonders wichtig war,

gebrauchte Jesus oft das Wort »Amen« und begann viele seiner Sätze damit. Es ist hebräisch und bedeutet »ja, gewiss« beziehungsweise »so ist es« oder »so sei es«. Es drückt die Zustimmung der Gemeinde und ihrer Glieder zu Rede, Gebet und Segen aus. Heute beenden Juden und Christen mit diesem Wort ihre Gebete. Später wurde es auch in den Islam übernommen.

Was ist ein Apostel?

Das Wort Apostel leitet sich vom griechischen »apostolos« (der Ausgesandte) ab. Apostel waren im strengeren und eigentlichen Sinn Gemeindegründer und Gemeindeleiter, die umherzogen, verkündeten, lehrten, ermahnten und mitunter auch aus der Ferne Anweisungen erteilten. Diese Autoritäten mussten sich aus allen privaten, familiären und beruflichen Bindungen lösen und den Schwerpunkt ganz auf Verkündigung und Gemeinde legen.

Warum lebten keine Frauen unter den Aposteln?

Jesus hielt sich an das Wort Mose (4. Mose 27, 16-17): »Der Herr wolle einen Mann setzen über die Gemeinde, der vor ihnen her aus- und eingeht … damit die Gemeinde des Herrn nicht sei wie die Schafe ohne Hirten.«

Es gibt in der Bibel keine Stelle, die aussagt oder darauf schließen lässt, dass auch Frauen den Aposteldienst ausführten. Im Sinne von Bezeugen waren selbstverständlich auch Frauen aktiv. Generell galten jedoch damals Frauen als »das schwächere Geschlecht« (1. Petrus 3, 7), für das die Männer in allen Lebenslagen zu sorgen hatten. Eine Frau alleine hatte es ohne das soziale Netz der (Groß-) Familie sehr schwer.

Hinzu kommt, dass zur Zeit Jesu sowohl im Arbeits- als auch im Privatleben und vor allem bei Versammlungen die Reden von Männern gehalten und die Entscheidungen von ihnen alleine getroffen wurden. Männer hatten die Befehlsgewalt, waren Gemeindevorsteher, Kriegsführer, Statthalter und Landpfleger. Nur sie waren im Ältestenrat vertreten. Zu Hause empfingen sie als Hausherren die Gäste am Tisch (Johannes 12, 2).

Apostel Andreas

Andreas stammt wie sein Bruder Simon Petrus aus Betsaida in Galiläa und war zur Zeit Jesu, gemeinsam mit Jakobus und Johannes, den Söhnen des Zebedäus, Fischer in Kapernaum. Sein Name bedeutet »tapfer, mannhaft«. Andreas wurde ein Schüler von Johannes dem Täufer und später der erste mit Namen bekannte Apostel. Jesus machte aus beiden »Menschenfischer«. Da Andreas als Erster von Christus berufen wurde (man nennt ihn deshalb auch »der Erstgeborene«), liegt sein Tag im Kirchenjahr (30. November) auch kurz vor dem Advent. Bereits seit dem 4. Jahrhundert feiert die Kirche das Fest des Apostels Andreas. Er gilt als Verkünder der Zukunft. Andreas missionierte vermutlich in Russland, Bulgarien, Kleinasien und Griechenland.

Wie ist er gestorben?

Im Jahr 60 nach Christus soll Andreas am 30. November in der griechischen Stadt Patras den Märtyrertod erlitten haben und zuvor auf einem schrägen Kreuz aus zwei diagonal übereinandergelegten gleich langen Balken, dem sogenannten Andreaskreuz, angebunden worden sein. Zwei Tage soll er so noch gebetet und gepredigt haben, bis er in den Himmel aufgenommen wurde. Dieses Querkreuz wurde dann auch ab dem 13. Jahrhundert zu seinem Attribut. Es findet sich als Symbol noch heute an Bahnübergängen sowie in der schottischen und britischen Flagge.

Apostel Thomas

Thomas ist die griechische Form des hebräischen Thaom und bedeutet »der Zwilling«. Er wurde auch Didymos genannt und war vor seiner Ernennung zum Apostel Fischer in Galiläa. Er wurde als Zweifler bekannt – weil er am längsten in der dunkelsten Nacht des Unglaubens verharrte, wurde ihm symbolisch der kürzeste Tag des Jahres zugedacht.

Am 21. Dezember ist Winteranfang und somit »sein Tag« – der kürzeste Tag des Jahres. Zwischen 1970 und 2007 wurde er am 3. Juli, dem Tag der Übertragung seiner Gebeine nach Edessa (türk. Urfa) begangen, um die stille Adventszeit mit ihrem besonderen Charakter nicht zu unterbrechen. Jetzt feiert man ihn wieder am Tag der Wintersonnenwende.

Als Christus den Jüngern

nach seiner Auferstehung erschien, war Thomas nicht dabei und verlangte nach Beweisen. Erst acht Tage später, als der Apostel selbst seine Finger an die Wundmale des Herrn legen durfte, bekennt er seinen Glauben mit den Worten: »Mein Herr und mein Gott« (Johannes 29, 25-28). Von diesem Tag an hat der Apostel vor allem in Indien Menschen zum Christentum bekehrt. Er starb als Märtyrer – Thomas soll von Ungläubigen vor einem Felsen umstellt und mit dem Schwert durchbohrt worden sein.

Apostel Johannes

Der Apostel und Evangelist Johannes war der Sohn von Salome und des galiläischen Fischers Zebedäus und der Bruder von Jakobus dem Älteren. Er stammte aus Betsaida am See Genezareth und war zuerst Jünger des Täufers Johannes. Sein Name bedeutet »Der Herr ist gnädig«.

Johannes wird als Lieblingsjünger Jesu angesehen. Zusammen mit seinem Bruder bekam er von Jesus den Beinamen Boanerges (aramäisch Donnersöhne). Er gehörte zum inneren Kreis der zwölf Apostel. Johannes zerstört mit einem Wort den Tempel zu Ephesus und erweckt dessen toten Priester wieder zum Leben. Beim letzten Abendmahl saß er neben dem Herrn. Daher war sein Name im Laufe der Jahrhunderte bei Christen als Vor- und Beiname sehr häufig gewählt worden. Johannes ist vor allem deshalb ein großes Vorbild, weil er bei der Kreuzigung nicht fortlief wie die anderen Jünger. Als Jesus am Kreuz hing, vertraute er Johannes seine Mutter Maria an.

Jesus predigte seinen Jüngern

von der Kraft Gottes (Lukas 10, 19): »Ich gebe euch Macht, auf Schlangen und Skorpione zu treten, und nichts wird euch schaden!« Johannes kam im Jahr 69 nach Ephesus und leitete alle seine Gemeinden selbst. Der Legende nach wollte Johannes im Artemistempel in Ephesus nicht opfern. Der Oberpriester Aristodemos forderte ihn daraufhin auf, einen Becher vergifteten Weines zu trinken, an dem bereits zwei Männer vor seinen Augen gestorben waren. Johannes vertraute auf Gott, trank, ohne zu sterben, warf seinen Mantel über die beiden und diese erwachten zum Leben. Daraufhin bekehrte sich Aristodemos.

Zum Gedenken,

dass ihm durch seinen festen Glauben keinerlei Schaden zugefügt wurde – und um einander zur Liebe nach dem Vorbild des Johannes zu ermahnen – trinkt man in vielen Regionen am dritten Weihnachtstag die sogenannte »Johannesminne«. Der 27. Dezember ist sein Tag im Kirchenjahr, auch Winterjohanni genannt. Noch heute wird am Johannestag Wein zur Segnung in katholische Kirchen gebracht. Die Johannesminne wurde schon früher bei Hochzeitsfeiern getrunken und Sterbenden gereicht. Als Abschiedstrunk vor Reisen war er sehr beliebt, vor allem Pilger nahmen sich immer eine kleine Ration von zu Hause mit.

Die Johannesminne ist bereits im 6. Jahrhundert nachweisbar. Selbst Martin Luther pflegte diesen Brauch.

Das althochdeutsche »minna«

(gedenken, sich erinnern) und »minnon« (lieben) sind im germanischen Sprachbereich eng verwandt und gehören zur Wortgruppe von »mahnen« (ahd. manon, aengl. manian). Minnedienst (scherzhaft für Verabredung beziehungsweise Stelldichein), Minnesang (Liebeslied) sowie der mittlerweile untergegangene Ausdruck Minna (für Hausangestellte, Dienstmädchen) leiteten sich daraus ab. Die Redewendungen »Jemanden zur Minna machen« (heftig zurechtweisen) und auch »die grüne Minna« (Polizeiauto) kennen wir noch heute.

Warum isst man am Johannestag sogenannte Berliner (Krapfen, Berliner Pfannkuchen)?

Unter Domitian (*51, …96), dem Bruder des Titus, wurden die Christen verfolgt. Domitian begann den Bau des Limes und begründete die Gottähnlichkeit der römischen Kaiser. Die Legende besagt, dass auch Johannes schwer leiden musste, als er in einen großen Kessel voll siedendem Öl geworfen wurde. Doch der Engel des Herrn hat ihn errettet. Johannes zum Gedenken isst man Berliner.

Johannes wurde nach Patmos verbannt, wo er die Apokalypse (Offenbarung) schrieb. Er stirbt um das Jahr 100 den Gifttod.

Apostel Matthias

Matthias (»Geschenk Jahwes«) nahm durch Losentscheid die freie Stelle im Zwölferkreis der Apostel ein, da ja der Platz des Judas Iskariot frei gewordenen war. Er soll erst in Judäa, dann vor allem bei den Heiden in Äthiopien das Evangelium (frohe Botschaft) verkündet und viele Wunder vollbracht haben.

Matthias wurde gesteinigt und durch das Beil enthauptet. Seine Gebeine sollen im 4. Jahrhundert im Auftrag der Kaiserin Helena, Mutter des römischen Kaisers Konstantin I., durch den Bischof Agritius nach Trier überführt worden sein – das einzige Apostelgrab auf deutschem Boden. Dies erklärt auch das häufige Vorkommen dieses Namens als Familien- beziehungsweise Taufname. Der dreizehnte Apostel wurde zum Schutzpatron der Metzger, Schneider, Zuckerbäcker und Zimmerleute – seine Zeichen sind Schriftrolle und Schwert. Matthias' Reliquien wurden Ziel vieler Wallfahrten, die bis heute von sogenannten Matthiasbruderschaften getragen werden. Seine sterblichen Überreste beansprucht auch die Basilika Santa Maria Maggiore in Rom.

Sein Gedenktag ist der 24. Februar

Matthias sagt man eine spezielle Gewalt gegen das Eis nach: »Mattheis bricht's Eis.« Der Tag gilt nach dem Bauernkalender als erster Vorbote des Frühlings. Zwar ist offiziell Winterende, aber von nun an muss man trotzdem nochmals mit einer starken Kälte rechnen.

Apostel Philippus und Jakobus der Jüngere

Am 3. Mai begehen die Kirchen den Tag der beiden Apostel – sie wurden von Jesus persönlich berufen.

Philippus

taucht im Neuen Testament nur sehr schemenhaft auf – er war zuerst Jünger Johannes des Täufers und folgte dann Jesus nach. Zusammen mit Andreas war er der einzige Apostel mit griechischem Namen. Durch ihn kommt Bartholomäus zu Jesus und wird Apostel. Philippus (»Pferdefreund«) stammt aus Betsaida, war von Beruf Fischer am Nordufer des Sees Genezareth und predigt 20 Jahre lang bei Reiternomaden in der südrussischen Steppe. Er leitete die Kirche von Jerusalem und starb der Legende nach um 81 in Hierapolis (heute Pamukkale/Türkei) den Märtyrertod. Er soll bei seinem Wirken in Syrien von Götzenpriestern gefangen genommen, gegeißelt, ans Kreuz genagelt und zu Tode gesteinigt worden sein. Seine Gebeine sollen in der Kirche »Dodici Apostoli« (zwölf Apostel) in Rom liegen.

Über Jakobus den Jüngeren,

den Sohn des Alphäus, ist fast nichts weiter bekannt. Er war der Sohn einer Schwester von Maria, der Mutter Jesu. Jesus erschien ihm nach seiner Auferstehung und er hatte die Verantwortung für die Gemeinde in Jerusalem. Er streitet mit Paulus über dessen Absicht, das Wort Gottes auch Nichtjuden zu verkünden, kann den »Heidenapostel« aber nicht hindern. Um das Jahr 50 wurde Jakobus, den man auch »der Gerechte« nannte, erster Bischof von Jerusalem. Er starb vermutlich um Ostern 62 den Märtyrertod. Jakobus ist die griechische Form des hebräischen Jakob (»Fersenhalter«). Angebliche Reliquien befinden sich in Kirchen ganz Europas.

Apostel Petrus und Paulus

Am 29. Juni ist der Gedenktag der Apostel Petrus und Paulus, er wird auch »Peter und Paul« oder einfach nur Aposteltag genannt. Denn auch diesen unterschiedlichen Charakteren war es verheißen, das Evangelium weiterzugeben: Paulus an die Heiden, Petrus an die Juden (Galater 2, 7). Sie bezeugten vor aller Welt die Wahrhaftigkeit der Heilsgeschichte, haben sie doch die Herrlichkeit des Herrn selbst erlebt.

Die Mehrzahl der Bibel- und Geschichtsforscher ist der Meinung, dass beide wohl am selben Tag (zwischen 64-68 nach Christus) durch Nero in Rom den Märtyrertod erlitten haben – und begründen so diese gemeinsame Feier. Petrus wurde, wie es sein ausdrücklicher Wunsch war, mit dem Kopf nach unten gekreuzigt: »Ich bin nicht würdig, wie Jesus zu sterben.« Paulus wurde mit dem Schwert enthauptet.

Petrus

war, wie sein Bruder Andreas, zur Zeit Jesu Fischer in Galiläa (in Kapernaum am See Genezareth). Simon Petrus gilt als Begründer der christlichen Kirche in Rom – auf ihn gründet sich das Papstamt. Er stand an erster Stelle der Apostel, war deren Führer und Sprecher. Jesus gab ihm den Namen Kephas (griech. Fels, Stein). Auch in den Evangelien von Matthäus, Markus, Lukas und der Apostelgeschichte wird er immer als Erster erwähnt.

Jesus sagte: »Auf diesen Felsen will ich meine Gemeinde bauen … » (Matthäus 16, 18).

Petrus verleugnete den Herrn nach dessen Gefangennahme – und er war es, dem Jesus nach seiner Auferstehung als Erstem erschien. In der Jerusalemer Gemeinde nahm er eine führende Stellung ein. Petrus wirkte vor allem in Antiochien, Kleinasien und Rom. Späte Überlieferungen sprechen von Reisen nach England und Gallien. Petrus gilt im allgemeinen Sprachgebrauch als Hüter der Himmelspforte. Sein Grab liegt unter dem Petersdom.

Paulus

wurde in Tarsus geboren und war Sohn vermögender jüdischer Eltern. Er lernte den Beruf des Zeltmachers und lebte von 1-64 nach Christus. Als Rabbi (jüdischer Gesetzeslehrer) verfolgte er sogenannte Judenchristen und wandelte sich vom unerbittlichen Saulus (nahm unter anderem an der Steinigung des Stephanus teil) zum strenggläubigen Missionar. Er gehörte nicht zum Kreis der zwölf Jünger Jesu.

Paulus erlebte zwei Jahre nach dem Kreuzestod Christi seine eigene Bekehrung zum Christentum – im Kalender wurde ihm dafür ein extra Tag gewidmet. Auf einer Reise nach Damaskus erschien ihm Christus, kurz darauf ließ er sich von Hananias taufen. Er nimmt durch die Art seiner Berufung und den Umfang seines Wirkens eine ganz besondere Stellung unter den Aposteln ein. Paulus unternahm drei große Missionsreisen und verfasste insgesamt 14 Briefe des Neuen Testaments.

Apostel Jakobus der Ältere

Der Sohn des Zebedäus und der Salome war ein Fischer am See Genezareth und gehörte mit seinem Bruder (dem Evangelisten Johannes) sowie Petrus zu den ersten Aposteln. Die Lieblingsjünger Jesu wurden wegen ihres Temperaments auch »Donnersöhne« genannt. Jakobus der Ältere predigte das Evangelium in Jerusalem, Samaria und soll auch in Spanien gewesen sein. Er starb als Erster für Christus den Märtyrertod und wurde im Jahre 44 auf Befehl des Königs Herodes Agrippa in Jerusalem mit dem Schwert enthauptet. Seine Reliquien kamen vermutlich im Mittelalter um das Jahr 1000 ins spanische Santiago de Compostela. Ab dem 9. Jahrhundert begannen die großen Wallfahrten – Pilgerstraßen aus allen christlichen Ländern führten in die Stadt. Die Kirche gedenkt seiner am 25. Juli.

Die Jakobsmuschel

Der Legende nach ritt einst ein junger Adeliger dem Schiff entgegen, mit dem der Leichnam des Apostels nach Spanien transportiert wurde. Der Reiter versank samt Pferd im Meer und Jakobus soll ihn auf wundersame Weise gerettet haben – sein Körper lag am Ufer und war mit Muscheln bedeckt. Seit dem Mittelalter dienen daher die unteren stärker gewölbten Schalen der Muscheln (Pecten jacobaeus), den Jakobspilgern als Erkennungszeichen – und zugleich als Nachweis der Pilgerschaft.

Die Muschel ist auch ein Symbol für Maria, weil sie die Perle Jesus in ihrem Schoss trug.

Was bedeutet die Redensart »Das ist der wahre Jakob«?

Besonders im Mittelalter pilgerten viele Deutsche nach Santiago de Compostela. Diese sahen verächtlich auf jene Wallfahrer herab, die den beschwerlichen Weg nach Spanien scheuten und lieber die näher gelegenen Gräber von Heiligen gleichen Namens aufsuchten – von denen jedoch keiner »der wahre Jakob« war.

Apostel Bartholomäus

Bartholomäus (Nathanael) wurde zu Beginn des ersten Jahrhunderts in Kana (Galiläa) geboren und fand durch den Apostel Philippus zu Jesus. Jesus beschrieb ihn als einen Israeliten, »in dem kein Falsch ist«. Bartholomäus verkündete das Evangelium als heilender Wanderprediger in Arabien, Indien, Mesopotamien und Armenien und hat dort der Legende nach einen grauenvollen Tod erlitten. Sein Gedenktag ist der 24. August.

Bartholomäus soll in Armenien bei lebendigem Leibe die Haut abgezogen worden sein, was auf den von den Persern beherrschten Teil Syriens hinweist. Deshalb kann man ihn auf Bildern dank zweier typischer Erkennungszeichen deutlich ausmachen: Ab dem 13. Jahrhundert hat er als Symbol ein Messer und trägt seine Haut wie einen Mantel über den Arm gehängt.

Die Hirnschale des Märtyrers befindet sich seit 1238 im Frankfurter Dom (Bartholomäuskirche).

Apostel Matthäus

Am 21. September ist der kirchliche Gedenktag des Apostels und Evangelisten Matthäus im Jahreskreis. Matthäus (ein Geschenk Gottes) hatte vor seiner Berufung zum Apostel einen von den Juden mit am meisten verhassten Beruf. Er hieß ursprünglich Levi, war der Sohn des Alphäus und Zolleinnehmer in Kapernaum am See Genezareth – an der Straße von Damaskus nach Akko. In seinem Evangelium, das er um das Jahr 41/42 in Aramäisch schrieb, wendet er sich direkt an die Juden. Der Legende nach verbreitete er die frohe Botschaft neben Palästina noch in Äthiopien, Parthia, Mazedonien und Persien, wo er auch im Jahr 69 den Martertod durch Verbrennen oder Steinigen erlitten haben soll. Seit 1084 ruhen seine Gebeine im Dom San Matteo des italienischen Salerno.

Apostel Simon und Judas Thaddäus

Von beiden ist relativ wenig bekannt. Es ist auch nicht überliefert, wie und bei welcher Gelegenheit die beiden Jünger Jesu wurden.

Sie kamen wohl über Mesopotamien nach Persien, wo sie viele Menschen bekehrten und den Martertod erleiden. Da man ihre Todeszeiten nicht kennt, wurde ihr Gedenken auf einen gemeinsamen Tag gelegt, den 28. Oktober.

Simon (Kananäus)

Sein zweiter Name bedeutet »Erhörung«. Er war ein Zelot. Die Zeloten sahen sich als die Verfechter der göttlichen Gerechtigkeit, gegen Götzentum und andere Gesetzesverletzungen. Sie waren politische Widerstandskämpfer und die wichtigsten Initiatoren der jüdischen Rebellion im Jahre 66 nach Christus gegen Rom. Simon (»der Eiferer«) predigte zuerst allein in Ägypten mit starkem Engagement für Christus – er wird auch mit England in Verbindung gebracht – und tat sich später mit Judas Thaddäus zusammen. Seine Mission galt vor allem den Juden, die nicht im Heiligen Land lebten.

Simon soll in der Stadt Kolchis am Schwarzen Meer von Priestern des iranischen Gottes Mithras mit einer Säge geteilt worden sein. Seine Gebeine liegen in Rom, Köln und Hersfeld.

Judas Thaddäus

Er wurde auch Lebbäus genannt. Sein zweiter Name ist die griechische Form des hebräischen Thad, oder Thadai – und heißt »Brust«. Er könnte, so sagen manche Bibelausleger, auch ein Bruder Jesu gewesen sein. Seine Verehrung litt lange Zeit darunter, dass er mit dem Verräter Judas verwechselt wurde. Wohl auch deshalb bekam er den Beinamen Thaddäus. Auch er wurde von Mithraspriestern zu Tode gefoltert. Den Leidenden erlöst ein Keulenhieb. Seine Gebeine liegen im Petersdom.

WISSENSWERTES ZUM LEBEN JESU

Jesus fastete 40 Tage lang in der Wüste,
dann wurde er vom Teufel dreimal in Versuchung geführt. Zuerst sollte er aus Steinen Brot machen, dann sollte er sich vom Tempel in Jerusalem stürzen, um zu beweisen, dass ihn ein Engel Gottes tragen würde, und schließlich sollte er sich vor dem Teufel niederwerfen und ihn anbeten, um das ganze Erdreich zu erhalten. Er sprach: »Weg mit dir Satan! In der Schrift steht geschrieben: Vor dem Herrn, deinem Gott sollst du dich niederwerfen und alleine ihm dienen« (Matthäus 4, 1-11).

Was passierte im Tempel?
Vor dem Passahfest machte Jesus eine Geißel aus Stricken und vertrieb alle Händler und Geldwechsler aus dem Haus Gottes, dazu auch die Rinder und Schafe. Er schüttete das Geld aus den Behältnissen und stieß die Tische um (Johannes 2, 13-16). Denn dieser heilige Ort sollte nicht missbraucht werden. Jesus wollte nicht, dass es im Tempel wie in einem Kaufhaus zugeht.

Nicht nur Männer sondern auch
einige Frauen schlossen sich Jesus an, als er mit seinen Jüngern von Ort zu Ort, von Stadt zu Stadt zog, um zu predigen. Im Lukasevangelium werden drei Frauen namentlich genannt: Maria Magdalena, Johanna und Susanna. Auch viele andere Frauen unterstützten ihn mit dem, was sie besaßen.

Jesus vollbrachte verschiedenste Wunder

– er heilte Kranke, trieb Teufel aus, erweckte Tote und hatte Macht über alle Naturelemente.

Hat Jesus jemals geweint?

Ja. Er hatte in Betanien mit Maria, Marta und Lazarus besonders enge Freunde. Als diese über den Tod Lazarus trauerten, war er erschüttert und bewegt und begann zu weinen. Nachdem Lazarus bereits vier Tage zuvor von seiner Familie begraben worden war, erweckte ihn Jesus wieder von den Toten. Er rief mit lauter Stimme: »Lazarus, komm heraus«, und dieser verließ mit Binden umwickelt seine Grabstätte.

Fand die Bergpredigt auf einem Berg statt?

Nach den Erzählungen des Lukas (Kapitel 6, 17-49) fand die Bergpredigt an einem ebenen Ort statt und wird deshalb auch als Feldrede bezeichnet. Bei Markus (Kapitel 5, 1) ist von einer Anhöhe die Rede, von der aus Jesus lehrte. In dieser Predigt spricht Jesus zu den vielen Menschen aus ganz Galiläa und Umgebung und unterweist sie, barmherzig, gläubig und gerecht zu sein.

Die Bergpredigt bildet den Auftakt des öffentlichen Wirkens Jesu. Wie Moses auf dem Berg Sinai von Gott das Gesetz für das Volk Israel empfing, so empfangen nun auch die Apostel Jesu Lehre für die Menschheit. Die Bergpredigt ist einer der bekanntesten Texte des Neuen Testamentes der Bibel. Von manchen wird sie als der Kern des christlichen Glaubens bezeichnet. Die »Goldene Regel« lautet: »Behandelt die Menschen so, wie ihr selbst von ihnen behandelt werden wollt.«

Die Inhalte der Bergpredigt

Die Bergpredigt ist eine Lehre von Großgeboten und scheint für Menschen unerfüllbar – umso mehr soll man sich der Gnade Gottes bewusst werden. Mit den speziellen Forderungen nahm Jesus vor allem seine Jünger (Anhänger) in die Pflicht:

Er redet davon, wer »selig« ist, spricht vom Gesetz und von den Propheten – und sagt, er ist nicht gekommen, das Gesetz der Propheten aufzuheben, sondern es zu erfüllen. Töten und Versöhnung kommen zur Sprache und er redet über Ehebruch und Ehescheidung, überhaupt von Versprechen und Schwüren. Besonders geht er auf das Thema Vergeltung und Feindesliebe ein. Weiterhin spricht Jesus vom Beten und Fasten und lehrt die Jünger das Vaterunser. Zuletzt geht es ihm darum, worum man sich sorgen soll – und um was eben nicht und um das Richten anderer.

Jesus nannte als höchstes Gebot:

»Du sollst den Herrn, deinen Gott, lieben von ganzem Herzen, von ganzer Seele und von ganzem Gemüt.« Und er sagte, dass ein zweites Gebot ebenso wichtig sei, da in diesem Gebot alle anderen Gebote enthalten sind: »Du sollst deinen Nächsten lieben wie dich selbst.«

Die Verklärung Jesu

Jesus stieg mit seinen Jüngern Johannes, Jakobus und Petrus auf einen Berg, um zu beten. Während des Gebets veränderte sich sein Angesicht und sein Gewand wurde leuchtend weiß. Plötzlich erschienen neben ihm zwei Männer, stellvertretend für die Geschichte Israels: der Prophet Elia und Mose, der Führer der Israeliten (Lukas 9, 28-30). Beide sprachen zu Jesus von dem Auftrag, den er in Jerusalem erfüllen sollte.

Was ist ein Gleichnis?

Gleichnisse sind Geschichten, die Jesus erzählte, um schwierige Sachverhalte besser verständlich zu machen. Anhand von bekannten Beispielen aus dem Leben, konnte das einfache Volk so allem besser folgen und verstehen, was er sagen wollte – was richtig und was falsch ist. Denn er verkündigte vieles, was seit der Schöpfung verborgen war (Matthäus 13, 34-35).

Talent haben

Was wir heute unter einer besonderen Fähigkeit oder einer überdurchschnittlichen Begabung verstehen, war früher eine babylonische Maßeinheit des Gewichts. Das Talent (griech. tantolon = Waagschale) entsprach der Wassermasse des Volumens einer Standard-Amphore und wog je nach Region zwischen 25 und 40 Kilogramm.

Im Gleichnis von den »Talenten« (Matthäus 25, 14-30) erzählt Jesus von einem reichen Mann, der seinen Knechten unterschiedlich viel Geld anvertraute: »... einem gab er fünf Talente (fünf Zentner Silbergeld), dem andern zwei, dem dritten einen, einem jedem nach seinen Fähigkeiten ...« Die beiden Ersten legten das Geld gewinnbringend an und der Letzte nicht – er vergrub es in der Erde und machte somit nichts aus seinem Talent.

Jesus zog vor Passah nach Jerusalem

zum Purimfest, einer Art Volksfest, das jeweils Mitte März stattfand (Ester 9, 26. 31). Dort heilte er am Sabbat am Teich Betesda einen Kranken. Er sprach: »Stehe auf, nimm dein Bett und gehe hin.« Daraufhin verfolgten die Juden Jesus, um ihn zu töten. Sie beriefen sich auf das Sabbatgesetz, das jedem verbot, an diesem Tag eine Last zu tragen. Außerdem sahen sie es als Gotteslästerung an, dass Jesus behauptete, Gott sei sein Vater. Im Anschluss daran floh Jesus nach Galiläa.

DIE PASSIONSZEIT

Das Ende naht

Jesus hat gewirkt, gebetet, Menschen zur Umkehr bewegt, Wunder getan, Kranke geheilt, Jünger um sich geschart, Gleichnisse erzählt, von der Herrlichkeit berichtet – von dem, was ist und was kommen wird. Er hat gelehrt und gemahnt, hat diskutiert, mit Vollmacht gepredigt – und bewiesen, dass er der wahrhaftige Sohn Gottes ist. Er weiß aber auch, was Schweres und Leidvolles zum Ende seines Lebens auf ihn wartet. Dieser dramatischen Schlussphase seines Lebens hier auf der Erde gedenken die Christen bis heute mit einer besonderen Zeit im Jahr: der Passionszeit.

Was ist die Passionszeit?

Es ist ein allgemeiner Oberbegriff, der sowohl die Fastenzeit (40 Tage ab Aschermittwoch) als auch die Karwoche beinhaltet. Passion heißt Leiden. Im Mittelpunkt steht hierbei nicht nur der Weg Christi ans Kreuz, sondern auch sein endgültiger Sieg über die Mächte des Todes und der Finsternis und somit der Weg zum ewigen Leben.

Die Fastenzeit

ist die Vorbereitungszeit auf Ostern. Sie galt schon bei den frühen Christen als Zeit der Buße, Sühne und Reinigung (Matthäus 6, 16; Markus 9, 29) und soll zur inneren Vorbereitung auf das Leiden, das Sterben und den Sieg des Herrn und Erlösers Jesus Christus dienen. Kinder brauchten zu keiner Zeit fasten – die Fastenzeit gilt nur für Erwachsene. Der Genuss von Fleisch warmblütiger Tiere war untersagt, ebenso das Essen von Butter, Käse und

Eiern. Erst um 1550 ließ Papst Julius III. auch Milchprodukte und Eier zu.

Ab 300 nach Christus fastete man

zwei Jahrhunderte lang jeweils 40 Stunden lang – die Zeit, die Christus in seinem Grab blieb. Danach wurde die Fastenzeit verlängert. Sie beginnt am Aschermittwoch mit 40 Tagen der persönlichen Einkehr und Buße und endet am Ostersamstag. Sie umfasst also 46 Kalendertage – die sechs Sonntage sind ausgenommen, da ja Christen an jedem Sonntag die Auferstehung Christi feiern. Als Besinnung und selbst auferlegte Enthaltsamkeit bezüglich bestimmter Genüsse soll das Fasten Körper, Geist und Seele reinigen und bereit machen auf die Begegnung mit Gott. Es dient in gewissem Sinne symbolisch auch als Versöhnungsopfer. Die evangelische Kirche hat in ihren Anfängen das Fasten erst abgelehnt, da es den Anschein einer religiösen Leistung, eines Verdienstes vor Gott haben kann.

Was ist die Fastnacht?

Ursprünglich war »Fast-Nacht« nur der Vorabend der Fastenzeit, also zu Aschermittwoch – eben die Nacht vor dem Fasten. Bereits um 110 taucht der mittelhochdeutsche Begriff »vastnacht« auf, worauf sich über »vas(e)nacht« das heute noch gebräuchliche »Fas(e)nacht«, Fastnacht oder Fasnet ausbildete. Ein anderer mit der Zeit verbundener Begriff ist auch vastschanc = das Ausschenken des Fastentrunks – darauf geht unser heutiges »Fasching« zurück.

Aschermittwoch

Mit dem Mittwoch vor dem 1. Sonntag in der Passionszeit beginnt die vierzigtägige Vorbereitungszeit auf Ostern (in der lateinischen Liturgie: Quadragesimae = der 40. Tag). Es ist der erste Tag der Fastenzeit – ein Tag der Besinnung, der zeigt, wie Vergänglichkeit und Leben, Versagen und Vergebung zusammengehören. Nun ist es vorbei mit der (heidnischen) Narretei.

Der Name Aschermittwoch bezieht sich auf den alten Brauch, sich zum Zeichen der Buße Asche auf das Haupt zu streuen. Schon zu Zeiten des Alten Testaments gingen reuige Sünder »in Sack und Asche« (Hiob 42, 6 und Matthäus 11, 21).

Nach alter Überlieferung wurde der Teufel, der ja eigentlich ein gefallener Engel ist, am Aschermittwoch wegen Verstößen gegen die göttliche Ordnung aus dem Himmel geworfen.

Asche ist das Symbol
der Vergänglichkeit, der Buße, Reue und Reinigung. Asche wurde früher als Reinigungsmittel verwendet und ist so auch Symbol für die innere Reinigung der Seele. Angeblich verwendete man früher dazu sogar auch einmal die verkohlten Rückstände des Weihnachtsbaumes. Heute lassen sich Katholiken vom Priester in der Morgenmesse ein Aschekreuz aus verbrannten Öl- und Palmsonntagszweigen des Vorjahres aufs Haupt streuen oder auf die Stirn auftragen. Papst Urban II. führte dies im 11. Jahrhundert für alle Gläubigen ein. In Psalm 90, 3 heißt es: »Gedenke, Mensch, du bist Staub, und zum Staube kehrst du zurück.« In lutherischen Gemeinden gibt es heute, außer in speziellen Bußgottesdiensten, keinen solchen Ritus mehr.

Bereits um 700 nach Christus
war es Brauch, demjenigen, dessen Sünden öffentlich bekannt waren, als äußeres Zeichen Asche auf das Haupt zu streuen – und ihn so symbolisch aus der Kirche zu weisen. Dies geschah in Anlehnung an die Vertreibung von Adam und Eva aus dem Paradies. Erst am Gründonnerstag konnte man dann wieder in die christliche Gemeinschaft der Gläubigen aufgenommen werden. Bald galt dieses Verfahren auch für die Allgemeinheit, »denn alle Menschen sind ja von Geburt an Sünder«. Um die Jahrtausendwende kam diese alte Form langsam zum Erliegen und es kam parallel die in Irland entstandene Ohrenbeichte auf.

Wie heißen die wichtigsten Fastentage?

Weil es in der heutigen Zeit relativ schwer ist, über einen Zeitraum von knapp sechs Wochen richtig zu fasten, hat man sich 1966 offiziell auf zwei Haupttage beschränkt. Sie sind uns als Aschermittwoch und Karfreitag bekannt. Und weil ja neben Milch, Butter und Eiern auch Fleisch zu den »verbotenen« Nahrungsmitteln in der Fastenzeit gehört, stehen noch heute an diesen beiden Tagen vor allem Brot und Fisch auf dem Speiseplan. Manche Christen verzichten Karfreitag ganz aufs Essen.

Der Brauch der Fastentücher

geht auf das Mittelalter zurück und hat seinen Ursprung vermutlich in Nonnenklöstern. Ihre Hochblüte erlebten die Tücher im 14. und 15. Jahrhundert in Deutschland, Frankreich, Italien, Spanien und England. In Anlehnung an den Jerusalemer Tempelvorhang (der zu Jesu Todesstunde zerriss) nennt man das Fastentuch auch »velum templi«.

Seit dem 16. Jahrhundert setzte sich eine immer stärkere Konzentration auf die reine Darstellung der Passion (Leidensgeschichte) Christi durch. Man nannte die Tücher auch Passionstuch, Fastenvelum, Palmtuch oder Kummertuch. An den Sonntagen der Fastenzeit wurde das Fastentuch vor allem vor dem Hauptaltar geöffnet, nicht aber die Tücher vor den Seitenaltären.

EINZUG IN JERUSALEM

Jesus sandte zwei seiner Jünger in die Stadt,
um einen Saal zu suchen und zum Passahfest ein Lamm zu schlachten. Petrus und Johannes bereiteten alles vor.

Die Jünger brachten Jesus
einen jungen Esel (Füllen) und legten ihre Kleider auf das Tier. Er setzte sich darauf und zog durch das Stadttor in Jerusalem ein (Matthäus 21, 1-9). Jesus ritt nicht zufällig auf einem Jungesel in Jerusalem ein (Markus 11, 2) – denn bereits im Alten Testament wird angekündigt, dass der Messias (hebräisch maschiach = der Gesalbte) genau so kommt (Sacharia 9, 9). Der Esel ist auch ein Zeichen dafür, dass diesem König alles Kriegerische fehlt. Die Mächtigen ritten damals immer »hoch zu Ross« – die Rosse Ägyptens sind ein Bild für weltlichen Hochmut und Macht. Doch der Heiland hat sich auch hier für seine Gemeinde symbolisch erniedrigt.

Am Palmsonntag, dem letzten Sonntag vor dem Osterfest, beginnt die Karwoche.

Was streute das Volk vor ihm aus?
Das Volk litt damals unter der Besatzung der Römer und sah in Jesus seinen Retter. Man jubelte Jesus mit Hosiannarufen (»Ach Herr, hilf doch«) zu und legte vor ihm Kleider und Palmzweige auf den Weg. So verfuhr man seinerzeit nur mit Königen und wünschte mit dieser Geste sinnbildlich ein langes Leben. Palmen wurden schon im Altertum als heilige Bäume verehrt und im Orient ehrte man damit unter anderem auch siegreiche Solda-

ten. Der Palmzweig war in der griechischen Sagenwelt ein Symbol für Triumph und Sieg, aber auch für Frieden und Leben. Da bei uns keine Palmen wachsen, wurden diese durch Palmkätzchen (Weidenkätzchen), Haselzweige, Buchsbaum, Wacholder, Stechpalme und ähnliche Pflanzen ersetzt.

Seit dem 6. Jahrhundert
wird die Palmprozession in Gedenken an Jesu Einzug in Jerusalem gefeiert. Man begann an diesem Feiertag mit dem Vorlesen der Passionsgeschichte und weihte die mitgebrachten Palmwedel.

Lange hat man den Brauch gepflegt,
beim Umzug durch die Straßen der Stadt einen hölzernen Esel mitsamt Christus – den sogenannten Palmesel – auf einem kleinen Holzwagen mitzuführen. Ab dem 13. Jahrhundert kann man solche szenischen Darstellungen nachweisen, die für das gewöhnliche Volk große Aussagekraft hatten. Solch optische Darstellungen waren mitunter wichtig, denn Gottesdienste und Aufführungen wurden bislang nur in lateinischer Sprache abgehalten, die fast niemand verstand.

Warum wurden solche Schauspiele später verboten?
Weil dies mit der Zeit immer mehr ausartete. Die Geistlichen kamen vielerorts selbst auf Eseln geritten und die Bürger brachten ihre Haus- und Stalltiere mit in die Kirche. Daraufhin zogen die Reformatoren unter anderem mit Spottliedern gegen diesen Brauch zu Felde, denn es wurde ihnen »viel Abgötterei mit dem hülzinen Gott« getrieben.

Ende des 18. Jahrhunderts verboten schließlich die josephineschen Reformen alle figürlichen Darstellungen der Heilslehre. Die meisten Palmesel wurden zerstört, verbrannt oder in den örtlichen Weihern versenkt.

Die Karwoche

ist Kern der österlichen Passionszeit und für Christen die wichtigste Woche des Kirchenjahres. Die »Heilige Woche« erinnert an die lange Leidensgeschichte und den Tod von Jesus Christus. Man nennt sie Stille Woche, Schwarze –, Marter- oder Passionswoche. Sie ist aber auch als Große Woche, Klage-, Reue- oder Trauerwoche bekannt. Die Karwoche beginnt mit dem Palmsonntag, beinhaltet die stillen Tage Montag bis Mittwoch, den Gründonnerstag (Abendmahl), Karfreitag (Kreuzestod) und endet mit dem Karsamstag (Tag der Totenstille und Grabesruhe). An ihrem Ende wird Ostern gefeiert: Jesus ist gestorben und auferstanden.

Kara

ist ein Wort aus dem Althochdeutschen und bedeutet so viel wie Trauer beziehungsweise Wehklage – der Wortstamm steckt noch im neuenglischen »care«: sich kümmern. Doch sollten wir niemals vergessen, dass gerade darin eine große Hoffnung liegt – und die Trauer über den bevorstehenden Tod nur als Durchgangsstation zum ewigen Leben angesehen werden muss.

Die Tage nach dem Palmsonntag

heißen im Volksmund »Fauler Montag«, »Blauer-, Schiefer- oder Letzter Dienstag in den Fasten« sowie »Guter-, Großer- oder Krummer Mittwoch«. Im Sprachgebrauch färbt sich die Woche bunt, es folgt auf den Gründonnerstag der schwarze Freitag.

RUND UM DAS ABENDMAHL

Jesus feierte das Passahmahl

als Abschieds- und Hoffnungsmahl mit seinen Jüngern in der Gewissheit, bald sterben zu müssen. An Donnerstag vor Ostern (Gründonnerstag) gedenken Christen der Einsetzung des Abendmahls durch Jesus in Jerusalem (Markus 14, 22-25).

Zum Zeichen der Trauer schweigen Kirchenglocken und Orgeln. Der Altar ist abgeräumt, schmucklos und leer – alle Kerzen sind aus den Kirchen entfernt. Kreuze und Bibeln werden mit Tüchern zugehängt oder sind verschwunden und werden erst im Gottesdienst in der Osternacht wieder in die Kirche getragen. Gründonnerstag bedeutet zwar Abschied von Jesus, es ist aber eigentlich auch der Beginn des christlichen Glaubens.

Es ist zwar der Beginn

seines Leidensweges (Judas hat ja bereits von den Hohepriestern für seinen Verrat im Voraus die 30 Silberlinge erhalten: Markus 14, 10-11), aber dennoch kein Tag der Trauer und Buße. Zu seinem Gedenken brechen Christen noch heute am Gründonnerstagabend Brot und trinken Wein – man feiert Gemeinschaft mit dem Auferstandenen. In alter Zeit war dieser Festtag auch als »Geburtstag des Kelches« jedermann ein Begriff.

»Der Kelch ist an mir vorübergegangen«

Der Kelch ist Symbol für den Schmerz und das Leid, das Jesus am Kreuz erwartete.

In Matthäus 26, 39 bittet Jesus: »Mein Vater, wenn es möglich ist, lasse diesen Kelch an mir vorübergehen!« Wenn heutzutage an jemandem »ein Kelch vorübergeht«, meinen wir also damit, dass ein schweres Los, ein Unglück oder Leiden abgewendet werden konnte.

Das Passahfest

der Juden ist ein bewegliches Fest. Es beginnt am Abend des ersten Frühlingsvollmondes mit dem Seder, einem Familienmahl, bei dem gebetet und die Geschichte des Exodus vorgelesen wird. Während man Lamm, ungesäuertes Brot und bittere Kräuter isst, lässt man die Haustüre offen stehen, damit »der Prophet Elias eintreten und einen Becher Wein mit den Feiernden trinken kann«. Bittere Kräuter und Salzwasser sollen an die damals vergossenen Tränen erinnern.

Das Passahfest dient der Erinnerung

Vor dem Auszug aus Ägypten musste nach Gottes Willen ein einjähriges männliches Lamm (Schaf oder Ziege) geopfert, gebraten und vollständig verspeist werden. Außerdem wurden sowohl die Zeltstangen als auch die Türpfosten und Türbalken der Häuser mit einem Büschel blutgetränkten Ysop, zum Schutz gegen das Unheil, bestrichen. So blieben die Israeliten verschont (2. Mose 12, 1-20), während Ägyptens Erstgeborene (Mensch und Tier) alle durch Gottes Todesengel starben.

Mit dem Auszug aus Ägypten begann Israels 40-jährige Wüstenwanderung. Und es gab sieben Tage lang nur ungesäuertes Brot zu essen, denn Sauerteig durfte/konnte (wegen der Verderblichkeit) ja nicht mitgenommen werden.

Pessach,

Pascha oder auch Passah entstand aus dem Zusammenschluss zweier unterschiedlicher Feste. Chag Ha-Pessach (Feier des Pessach-Lammes) war ein Hirtenfest im Frühling, das die Israeliten noch als Nomaden in der Wüste mit einem Tieropfer feierten. Schon vor dem Auszug aus Ägypten bat Mose den Pharao um

Erlaubnis für sein Volk, um in der Wüste ein Fest zu Ehren Gottes begehen zu dürfen (2. Mose 5, 1).

Mit dem Bauernfest Chag Ha-Mazzot (Feier des ungesäuerten Brotes = Mazzen) begingen die Israeliten ein Frühlingsfest – sie feierten damit den Beginn der Getreideernte. Bevor sie das Korn einholten, entfernte man alle Reste von Sauerteig in den Häusern.

Im Verlauf der Geschichte

verbanden sich beide Frühlingsfeste mit dem Gedächtnis an den Exodus, den Auszug aus Ägypten. Chag Hag-Pessach (2. Mose 34, 25) wurde zum Fest mit dem Passahlamm, weil Gott an den Häusern Israels vorbeiging und ihnen auch die zehnte Plage ersparte, die die Erstgeborenen (Mensch und Tier) der Ägypter traf. Pessach bedeutet »vorübergehen«.

Chag Ha-Mazzot (2. Mose 23, 15) wurde mit dem plötzlichen Auszug aus Ägypten gleichgesetzt, weil man nur ungesäuerten Teig mitnehmen konnte (Ex 12, 34). Den Israeliten wurde geboten, sieben Tage zu feiern. In der Diaspora dehnte sich der Brauch auf acht Tage aus, um sicher zu gehen, dass alle zur selben Zeit feiern. Die Hostie (= Opfergabe), das eucharistische Brot der katholischen Christen, hat im ungesäuerten, auf heißen Steinen gebackenen Brot aus Mehl und Wasser (Mazzen) ihren Ursprung.

Als Gott das israelische Volk aus Ägypten führte,

musste alles recht schnell gehen. Und so musste man auch auf das bisher verwendete Treibmittel verzichten und es zurücklassen (2. Mose 12, 15). Da es sieben Tage lang dauerte, bis frisches Mehl zu neuem Sauerteig vergoren war, konnte man eine Woche lang nur ungesäuertes Brot essen.

Welche Bedeutung hat der Sauerteig?

Sauerteig ist im Alten Testament Symbol der Zersetzung, der Unreinheit und des geistigen Verderbens. Deshalb mussten alle

Opferbrote ungesäuert sein. Sauerteig ist ein Treibmittel, das man nicht einfach so herstellen kann – er entsteht von selbst, indem sich Sauerstoff mit einem geeigneten Nährboden verbindet. In diesem Fall war es Roggenmehl mit Wasser.

Jesus warnte seine Jünger: »Seht zu und hütet euch vor dem Sauerteig der Pharisäer und Sadduzäer« (Matthäus 16, 6) – und somit vor ihrer schlechten Lehre, die alles Gute zersetzt. Und Paulus schreibt an die korinthische Gemeinde, die er bei seiner zweiten Missionsreise gegründet hat: »Wisst ihr nicht, dass schon ein wenig Sauerteig genügt, um den ganzen Teig zu durchsäuern? Entfernt jeden Rest des alten Sauerteigs, damit ihr ein neuer, ungesäuerter Teig werdet. Ihr seid doch rein, weil Jesus Christus als unser Passahlamm geopfert wurde« (1. Korinther 5, 6-8).

Wie lief das letzte Abendmahl zwischen Jesus und seinen zwölf Jüngern ab?

Wie seit dem Auszug aus Ägypten – immer nach demselben Schema. Es wurde mit einem Lobspruch eröffnet und durch das Amen aller Anwesenden bestätigt. Man trank den ersten Becher Wein. Als nun alle saßen, gab es als Vorspeise, eingetaucht in eine gemeinsame Schüssel mit flüssigem Früchtebrei, je einen Bissen Grünkraut und Bitterkraut. Das Bitterkraut gilt als Symbol für die bittere Knechtschaft in Ägypten, der Brei für die schwere jahrelange Fronarbeit.

Doch zuvor wusch der Heiland seinen Jüngern zum Zeichen der seelischen und geistigen Reinigung die Füße (Johannes 13, 5ff.). Sie wunderten sich anfangs, denn die Fußwaschung galt im Orient als ein Sklavendienst. Jesus wollte ihnen aber zeigen, dass er sich nicht als Herrscher, sondern als Diener verstand.

Vor dem Hauptmahl wurde

die Passahandacht abgehalten, mit etlichen Fragen und Antworten, die vor allem der Erinnerung an das Geschehene dienen sollten. Man sang den ersten Teil des Hallel (Psalm 113 und 114) und leerte den zweiten Becher Wein.

Jetzt begann die Hauptspeise mit dem Segensspruch über den ungesäuerten Brotfladen, den sogenannten Mazzen (= Sinnbild der schnellen Flucht). Es folgte das gemeinsame »Amen« und das Lamm mit frischen Bitterkräutern wurde aufgetischt. Der Herr brach das Brot und verteilte es mit den Worten: »Nehmt und esst; das ist mein Leib« (Markus 14, 22). Dann trank man den dritten Becher Wein. Jesus sprach: »Das ist mein Blut, mit dem der neue Bund zwischen Gott und den Menschen besiegelt wird. Es wird zur Vergebung ihrer Sünden vergossen« (Matthäus 26, 28). Der Gesang des zweiten Hallels (Psalm 115-118), ein weiterer Lobspruch und der letzte, vierte, Becher Wein bildeten den Abschluss der Feier.

Die Einsetzung des Abendmahls

ist eigentlich die Schnittstelle zwischen Altem Bund und Neuem Testament. Von nun an ist Jesus selbst das Opferlamm. Zu seinem Gedenken (»... tut dies zu meinem Gedächtnis«) brechen Christen noch heute am Gründonnerstagabend Brot und trinken Wein – für seinen Leib und sein Blut – und feiern Gemeinschaft mit dem Auferstandenen. In alter Zeit war dieser Festtag auch als »Geburtstag des Kelches« jedermann ein Begriff. Abendmahl kann aber jederzeit gefeiert werden.

Was geschieht beim Abendmahl?

Darüber gehen die Meinungen weit auseinander – es ist ein nicht unwesentlicher Streitpunkt zwischen Katholiken und Protestanten. Nach Auffassung der katholischen Kirche nimmt man beim Abendmahl den Leib Christi ganz real und wahrhaftig in sich auf.

Protestantische Christen sehen folgende Symbolik darin: Mit dem Mund der Seele nimmt man Leib und Blut Christi an. Denn der »äußere Mund« nimmt die Materie und der »innere Mund« dadurch das himmlische Geistelement auf. Somit hat man Teil am höchsten Geschenk, an der höchsten geistigen Nahrung, die es auf Erden geben kann.

Wer waren Jesu Jünger beim Abendmahl?

Mit Jesus am Tisch saßen: Simon Petrus und sein Bruder Andreas. Jakobus, der Sohn des Zebedäus und sein Bruder Johannes. Philippus. Bartholomäus (Nathanael), Thomas (Didymos), Matthäus, Jakobus, der Sohn des Alphäus und Thaddäus. Simon Kananäus (Zelotes) und Judas Iskariot.

Die Ankündigung des Verrats

Jesus sprach davon, dass ihn einer von ihnen verraten würde. Die Jünger sahen sich untereinander an und erschraken. Als Simon Petrus fragte, wer es sei, antwortete Jesus, es sei derjenige, dem er ein Stück Brot eintauche und gebe: das war Judas Iskariot. Jesus sagte zu ihm, er solle bald handeln. Keiner der Jünger verstand, was er damit meinte. Als Judas den Bissen genommen hatte, ging er hinaus in die Nacht. Daraufhin sagte Jesus zu Simon Petrus, dass auch der ihn dreimal verleugnen würde, bevor frühmorgens der Hahn krähe.

Danach gab er seinen Jüngern

sozusagen letzte Anweisungen: er deutete seine Heimkehr zum Vater (Gott) an und bat sie, alles zu tun, was er sie gelehrt hatte. Er gab ihnen das Gebot, sich untereinander zu lieben, wie er sie geliebt habe …« Als ihn Thomas fragte, wo er denn hingehe und wie sie ihm folgen sollten, wenn sie nicht wüssten, wohin er ginge, antwortete er: »Ich bin der Weg und die Wahrheit und das Leben; niemand kommt zum Vater denn durch mich« (Johannes 14, 6). Und er sagte, sie sollen keine Angst vor Hass und Verfolgungen haben. Dann betete er für seine Jünger.

VERRAT, PROZESS UND TOD

Was machte Jesus im Garten Gethsemane?

In der Nacht von Gründonnerstag auf Karfreitag ging er mit seinen Jüngern über den Bach Kidron in den Garten Gethsemane, wo sie sich schon öfter versammelt hatten. Das Kidrontal liegt zwischen dem Tempelberg und dem Ölberg. Jesus bat Petrus, Jakobus und Johannes, mit ihm zu wachen und zu beten, denn »der Geist ist willig, aber das Fleisch ist schwach« – also, um ihm beizustehen und ihm den Rücken zu stärken. Die drei begriffen aber den Ernst der Stunde nicht und schliefen ein.

»Blut und Wasser schwitzen«

Jesus betete am Ölberg im Garten Gethsemane um himmlischen Beistand für seinen zu erwartenden Leidensweg. In Lukas 22, 44 steht: Jesus litt Todesängste und betete so eindringlich, dass sein Schweiß wie Blut auf die Erde tropfte.

Jesus hat also im wahrsten Sinne des Wortes Blut und Wasser geschwitzt – diese Redewendung wird heute vor allem dann verwendet, wenn man besonders viel Angst hat oder eine große unmenschliche Anstrengung veranschaulichen will.

Was passierte danach?

Judas führte eine große Gruppe Menschen in den Garten Gethsemane: Hohepriester, Älteste und Soldaten, mit Fackeln und Lampen, Stangen und Schwertern bewaffnet. Judas grüßte Jesus freundlich und gab ihm einen Kuss auf die Wange – das war das verabredete Zeichen für diejenigen, die Jesus festnehmen wollten (Judaskuss). Daraufhin wurde Jesus gegriffen, abgeführt und in das Haus des Kaiphas gebracht, der damals Hohepriester von Judäa war.

Was ist der Blutacker?

Die Priester wollten die 30 Silberlinge des Judas nicht als Spendengeld annehmen. Ihnen war selbst klar, dass es nicht recht gewesen wäre, das Geld zu opfern, weil es für den Verrat eines Unschuldigen bezahlt worden war – es war »Blutgeld«. Sie beschlossen daher, den Töpferacker davon zu kaufen, um darauf eine Grabstätte für Fremde anzulegen.

Der »Töpferacker« hat seinen Namen daher, dass das Feld vor dem Kauf einem Töpfer gehört hat – da dieses nicht zum Anbau von Feldfrüchten geeignet war, wurde dort vorhandener Ton abgebaut. Man bezeichnet ihn noch heute als Blutacker.

Nach Apostelgeschichte 1, 18-19 war es Judas selbst, der das Grundstück erworben hatte. So wurde die Prophezeiung des Jeremia (Jeremia 32, 9) und des Sacharja (Sacharja 11, 13) erfüllt und das Geld dem Töpfer gegeben: »Aber der Herr sprach zu mir: Wirf ihn dem Töpfer hin, den herrlichen Preis, dessen ich von ihnen wert geachtet worden bin! Da nahm ich die 30 Silberlinge und warf sie ins Haus des Herrn, dem Töpfer hin« (Sacharja 11, 13).

Warum hat Judas Jesus verraten?

Er war höchstwahrscheinlich ein Sikarier, ein ehemaliger Widerstandskämpfer, und hatte sich von Jesus anscheinend eine Revolte erhofft, einen Befreiungskampf gegen die Römer. Jesus jedoch lehnte Gewalt ab. Wohl deshalb war Judas enttäuscht, fühlte sich betrogen und lieferte ihn schließlich aus. Oder wollte er gar Jesus dazu provozieren, seine göttliche Macht zu zeigen?

Warum wollten die religiösen Führer Jesus beseitigen?

Die Hohepriester und Pharisäer sahen ihre Macht immer mehr schwinden. Was tun? Es ging jetzt darum, Jesus aus dem Verkehr zu ziehen, oder aber, ihn anzuerkennen. Kaiphas schlug vor, Jesus zu töten.

Unter den Römern diente der Hohepriester nicht auf Lebenszeit (wie es eigentlich in der jüdischen Thora festgelegt war), sondern wurde von den römischen Statthaltern nach Gutdünken ein- und abgesetzt.

Das Verhör vor dem Hohen Rat

Im Hause des Kaiphas hatten sich auch die Schriftgelehrten und Ältesten versammelt. Auf die Frage des Hohepriesters, ob er Christus, der Sohn Gottes, sei, antwortete Jesus: »Du sagst es.« Kaiphas sah dies als Gotteslästerung an. Sie befanden Jesus des Todes schuldig, spuckten ihn an und schlugen ihn.

Wie war das noch mal mit Petrus und dem Hahnenschrei?

Bei der Verhaftung Jesu verließen ihn die Jünger und liefen voller Angst davon. Nur Petrus (der Anführer der Jünger) folgte ihm heimlich nach zum Palast des Hohepriesters. Er mischte sich im Hof unter die Leute, die an einem Feuer saßen.

Er wurde von einer Magd als Jünger Jesu erkannt – und leugnete, ihn zu kennen. Auch eine zweite Magd wusste von seiner engen Beziehung zu Jesus. Petrus stritt es wieder ab: »Ich kenne ihn nicht.« Nach einer Weile behaupteten auch die Umstehenden, dass er einer »von denen« sei. Nachdem Petrus ein drittes Mal energisch leugnete, krähte der Hahn – wie es Jesus vorausgesagt hatte. Da ging er hinaus und weinte verzweifelt.

Judas' späte Einsicht

Am Morgen berieten alle Hohepriester und die Ältesten des Volks, wie sie Jesus töten könnten. Dann fesselten sie ihn und brachten ihn zum Landpfleger Pontius Pilatus. Als Judas die dramatische Situation sah, bereute er es, seinen Herrn verraten und ausgeliefert zu haben. Er nahm die 30 Silberlinge und erklärte den Hohepriestern und den Ältesten, dass er einen Unschuldigen verraten habe und dies bereue. Die lehnten seine Reue ab und behaupteten, das ginge sie nichts an. Da warf Judas das Geld in den Tempel und ging hinaus und erhängte sich.

Kurz nach Jesu Himmelfahrt wurde Matthias als einer der zwölf Apostel nachgewählt (Apostelgeschichte 1, 15).

Karfreitag

ist der Todestag Jesu. Er wird verhört, verurteilt und auf dem Hügel Golgatha vor den Toren Jerusalems gekreuzigt – und stirbt. Noch am selben Tag wird er beerdigt. Die Gottesdienste stehen ganz im Zeichen der Trauer.

Karfreitag ist ein »stiller Feiertag«, an dem nicht gefeiert wird. Sowohl die Kirchenglocken als auch die Orgeln schweigen. Es ist ein Leidensfreitag. Immer noch sind die Kirchen schmucklos und leer. Karfreitag ist für evangelische und katholische Christen der höchste Feiertag – die Erlösung von Sünde und Schuld überlagert den tiefen Schmerz über den Tod Jesu. Er ist der einzige von der Kirche offiziell verordnete Fastentag.

Die typische Karfreitagsspeise: Fisch

Es ist christliche Tradition, dass an Fastentagen generell auf das Fleisch der »Tiere des Himmels und der Erde« verzichtet wird. Außerdem ist der Fisch eines der ältesten Symbole des Christentums, mit dem sich bereits die ersten Christen in Rom untereinander zu erkennen gaben. Zur Zeit der Christenverfolgungen nutzte man ihn als Erkennungszeichen.

Was sind Passionsumzüge?

An diesen Umzügen nehmen hauptsächlich katholischen Christen teil, sie folgen dem Weg Jesu mit seinen 14 Stationen. An jedem Haltepunkt wird an ein anderes Ereignis seines Leidensweges erinnert: Jesus wird zum Tode verurteilt. Jesus nimmt das Kreuz auf seine Schultern. Jesus fällt zum ersten Mal unter dem Kreuz. Jesus begegnet seiner Mutter. Simon von Kyrene hilft Jesus, das Kreuz zu tragen. Veronika reicht Jesus das Schweißtuch. Jesus fällt zum zweiten Mal unter dem Kreuz. Jesus begegnet den weinenden Frauen. Jesus fällt zum dritten Mal unter dem Kreuz. Jesus wird seiner Kleider beraubt. Jesus wird ans Kreuz geschlagen. Jesus stirbt am Kreuz. Jesus wird vom Kreuz abgenommen und in den Schoß seiner Mutter gebettet. Der Leichnam Jesu wird ins Grab gelegt.

Welche Farbe hat das Karfreitagsparament?

Paramente nennt man die verschiedenfarbig gewebten und bestickten Tücher, die Altäre, Kanzeln und Taufbecken schmücken. Schwarz als liturgische Farbe soll am Karfreitag und Karsamstag an das Leiden und Sterben des Herrn erinnern. Es ist die Farbe der Trauer und äußersten Finsternis.

Pontius Pilatus

war in der Zeit von 26 bis 36 nach Christus Landpfleger in Judäa. Als römischer Statthalter hielt er sich gerade in Jerusalem auf. Man erhoffte sich von ihm einen schnellen Urteilsspruch.

Wie lief der Prozess ab?

Das Kreuzverhör hatte sich schon längere Zeit hingezogen. Durch falsche Zeugen wurde Jesus immer mehr belastet. Doch Pilatus fand keine Schuld an Jesus. Dreimal bezeugte er dies dem Volk. Er ließ sich Wasser bringen und wusch vor allen Anwesenden seine Hände (in Unschuld). Aber statt seine Pflicht zu tun und Jesus konsequenterweise dann auch freizulassen, beugte sich Pilatus dem Willen der Masse. Er ließ sich auf einen Handel ein, um sich das leidige Thema vom Hals zu schaffen: Einmal im

Jahr, zum Passahfest, hatte der Landpfleger die Gewohnheit, dem Volk einen Gefangenen ihrer Wahl »loszugeben«. Durch eine solche Begnadigung wollte er auch etwas zur Festfreude mit beitragen.

Wie ging dieser Handel aus?

Pilatus fragte, ob das Volk lieber Jesus oder lieber Barrabas freihaben wollte. Barrabas saß wegen Mord und Anstiftung zum Aufruhr im Gefängnis. Bei Jesus riefen sie: »Kreuzige ihn, kreuzige ihn!« – sie selbst durften ja laut Gesetz niemanden töten (Johannes 18, 31 und 19, 6.7), außer bei Gotteslästerung (3. Mose 24, 16). Und die Hohepriester stimmten lauthals mit ein. Um einen Volksaufstand zu vermeiden, widersprach Pilatus nicht.

Weshalb war das Volk auf einmal gegen Jesus?

Die Leute wollten, dass Jesus als ihr König den Römern entsprechend entgegentrat. Er sollte das Volk der Juden von deren Herrschaft befreien. Sie hatten die Hoffnung auf einen neuen politischen Herrscher und ein neues Friedensreich. Stattdessen versuchte Jesus, die Herzen der Menschen mit Gottes Liebe zu erfüllen und die himmlische Botschaft zu verkünden. Er weckte besonders in seinen Anhängern die Hoffnung »auf einen neuen Himmel und eine neue Erde, in denen Gerechtigkeit wohnt« (2. Petrus 3, 13).

Demütigungen und Folter

Es war üblich, die Verurteilten vor ihrer Hinrichtung zu entkleiden und öffentlich zu geißeln. Dies bedeutete eine zusätzliche Qual und Erniedrigung, schwächte aber auch den Organismus und verkürzte die Todeszeit am Kreuz.

Die Soldaten des Landpflegers zogen Jesus aus, legten ihm einen Purpurmantel an und gaben ihm ein Rohr in seine rechte Hand: sie machten ihn zum Zerrbild eines Königs. Nachdem sie ihn verspottet hatten, bekam er wieder seine Kleider. Sie setzten ihm eine geflochtene Dornenkrone auf sein Haupt und ließen ihn sein eigenes Kreuz tragen.

Die Tonsur der Mönche

und das damit verbundene Abschneiden der Haupthaare ist eine Nachahmung und somit bildliche Darstellung der Dornenkrone Christi. Diese steht weniger für den Schmerz als für die Verspottung Jesu. Manche Forscher kommen heute zu dem Ergebnis, dass es kein Kranz war, sondern die Dornen zu einer Haube geflochten waren, die den gesamten Schädel umhüllte.

Jesus schleppte sein Kreuz – wer hat ihm geholfen?

Simon von Kyrene, der gerade vom Feld kam, wurde von den Soldaten gezwungen, ihm zu helfen und das Kreuz ein Stück weit zu tragen. Das Ziel war Golgatha – ein Hügel vor der Stadt, auf dem damals die Kreuzigungen stattfanden. Golgatha bedeutet so viel wie »Schädelstätte«, wohl weil dort die Knochen der Hingerichteten zu finden waren.

Römische Bürger durften von Rechts wegen nicht gekreuzigt werden, sondern wurden zumeist enthauptet, der Möglichkeit des Freitodes ausgesetzt oder verbannt. Dennoch erwähnt die Geschichtsschreibung gelegentlich die Kreuzigung von Bürgern als drastische Maßnahme tyrannischer Kaiser oder Statthalter.

War Jesus der Einzige, der an diesem Tag gekreuzigt wurde?

Nein. Noch zwei andere wurden mit ihm hingerichtet. Es waren Mörder, deren Kreuze man links und rechts von Jesus angebracht hatte.

Einer der beiden sagte zu ihm: »Herr, denke an mich, wenn du in dein Reich kommst.« Daraufhin verhieß ihm Jesus das Allergrößte überhaupt – Trost, Versprechen und Vergebung zugleich: »Heute wirst du mit mir im Paradies sein.«

Die Kreuzigung stellte im Römischen Reich
keine schnelle Hinrichtungsmethode dar, sondern sollte den Verurteilten sehr langsam töten. Zumeist verabreichte man dem Gekreuzigten mittels eines Schwammes über mehrere Tage etwas Wasser, um ihn über längere Zeit am Leben zu erhalten und somit seine Qualen zu verlängern. Er sollte als abschreckendes Beispiel dienen.

Circa 300 vor Christus führten die Römer die Kreuzigung als Todesart ein.

Was wurde Jesus am Kreuz gereicht?
Zuerst wohl Myrrhe mit Wein vermischt (Markus 15, 22.23). Aber Jesus weigerte sich, dieses schmerzlindernde Getränk zu sich zu nehmen, denn er wollte bei vollem Bewusstsein in den Tod gehen. In Matthäus 27, 34 wird berichtet, dass ihm dann Essig mit Galle vermischt gereicht wurde (siehe auch Psalm 69, 22). Erst lehnte er ab. Als er dann aber Durst bekam und er diese Flüssigkeit von einem Schwamm zu sich genommen hatte, sprach er: »Es ist vollbracht!« und starb (Johannes 19, 28-30).

Gewöhnlich zerschlug der Henker
dem Sterbenden nach einer Weile die Beine, damit dieser sich nicht mehr abstützen konnte. Er wurde durch sein Eigengewicht nach unten gezogen und ohnmächtig. Offene Wunden und schneller Blutverlust beschleunigten alles.

Jesus brach man nicht die Beine. Auch hier erfüllte sich wieder eine alte Prophezeiung. Im Buch Exodus (2. Mose 12, 46) bei der Befreiung aus Ägypten befiehlt Gott den Israeliten, »den Opferlämmern kein Bein zu brechen«. Auch Jesus starb als Opferlamm.

Üblicherweise ließen die Römer
den Leichnam am Kreuz hängen, bis seine Teile nach völliger Verwesung selbst herunterfielen, da nach der religiösen Vorstellung der Römer der Schatten des Delinquenten durch den fehlenden

Kontakt zur Erde nicht in die Unterwelt gelangen konnte. In manchen Regionen nahm man jedoch auch Rücksicht auf örtliche religiöse Vorschriften, die eine ordentliche Bestattung vorsahen.

Nach dem eingetretenen Tod wurde mittels einer Lanze durch einen Stich in den Bauch sichergestellt, dass der Hingerichtete auch wirklich tot war. Die Verurteilten wurden streng bewacht, bis die Strafe vollzogen war. Römische Wachmänner mussten selber mit der Todesstrafe rechnen, wenn sie ihren Auftrag nicht erfüllten und die Flucht eines zum Tode Verurteilten ermöglichten. Auch als Jesus gestorben war, wurde sein Tod mit einem Lanzenstich überprüft.

Was bedeutet INRI?

Diese lateinische Inschrift war ironisch gemeint, sollte provozieren und wurde von den Soldaten auf einer Holztafel oben am Kreuz befestigt. Es sind die Anfangsbuchstaben der vier Worte »Jesus Nazarenus Rex Judaeorum«: Jesus von Nazareth, König der Juden. Der Spruch war auch noch in Hebräisch und Griechisch zu lesen (Johannes 19, 19-20).

Wann starb Jesus?

Gegen drei Uhr am Nachmittag, nachdem er sechs Stunden lang gelitten hat. Es war die neunte Stunde der damaligen Zeitrechnung – der Morgen begann um sechs Uhr. In vielen Gemeinden finden zur Sterbestunde um 15 Uhr besondere Gottesdienste statt. Die Glocken und die Orgeln schweigen.

Was waren seine letzten Worte?

Um die neunte Stunde schrie Jesus laut: »Eli, Eli, lema sabachtani?« (Matthäus 27, 46) – »Mein Gott, mein Gott, warum hast du mich verlassen?« Dieselben Worte sang schon im Alten Testament David in Psalm 22, 2. Danach starb Jesus.

Gab es auch ein äußeres Zeichen bei seinem Tod?

Ja. In den letzten drei Stunden seines Lebens wurde es im ganzen Land dunkel. Dann, kurz bevor er starb, verlor die Sonne ganz ihren Schein.

Der Vorhang im Tempel zerriss im Augenblick seines Todes von oben nach unten in zwei Stücke (Matthäus 27, 51) und der Blick auf das Allerheiligste war freigegeben.

Von nun an hat jeder durch Gottes Sohn direkten Zugang zum Vater. Denn Jesus war gekommen, das Gesetz zu erfüllen – keiner kann es vollständig einhalten, aber Jesus gleicht die Differenz (also die Fehlerhaftigkeit, die »Sünde« der Menschheit) aus.

Heute werden in vielen Kirchen

die Hunger- und Fastentücher feierlich abgenommen als Symbol dafür, dass der Vorhang im Tempel zerriss und der Blick aufs Allerheiligste nun frei ist.

Aber nicht nur der Vorhang riss von oben bis unten entzwei, sondern auch die Erde bebte, die Felsen spalteten sich, die Gräber öffneten sich und es standen die Körper vieler Toter auf (Matthäus 27, 51-54).

Starb Jesus wirklich zu Ostern?

Ja, denn es steht so in Lukas 22, 1: »Es waren nur noch wenige Tage bis zum Fest der ungesäuerten Brote, das auch Passahfest genannt wird.« Jesus kam fünf Tage vor dem Passahfest nach Jerusalem (Johannes 12, 1.12), der Zeitraum stimmt also ungefähr.

Mit 33 Jahren – ist Jesus denn als junger oder als alter Mann gestorben?

Statistisch gesehen war Jesus alt – für seine Zeit. Damals hatten die Menschen eine relativ geringe Lebenserwartung: Frauen wurden im Durchschnitt 30 Jahre alt. Bei den Männern kam dazu, dass ihnen oft Kriege ein jähes Ende bereiteten. Krankheiten wie Typhus, Malaria oder Aussatz sowie verschiedene Mangelkrankheiten, die vor allem Kleinkinder betrafen – also zu einer extrem hohen Kindersterblichkeit führten – taten ihr übriges. Auch wüteten regelmäßig Seuchen, die oft von Karawanen, die das ganze Land durchquerten, verbreitet wurden.

Dennoch gilt grundsätzlich schon seit biblischer Zeit: »Unser Leben dauert siebzig, vielleicht sogar achtzig Jahre …« (Psalm 90, 10).

Von Pontius zu Pilatus laufen

Dieses Sprichwort drückt aus, wenn jemand planlos hin und her geschickt wird und von einer Stelle zur anderen gehen muss, ohne ans Ziel zu kommen. Man beschreibt damit gerne vor allem nutzlose Gänge zu Ämtern und Personen.

Ihren Ursprung hat die Redewendung beim Gerichtsprozess Jesu. Jesus wurde zuerst vom Hohepriester Kaiphas zum römischen Statthalter Pontius Pilatus geschickt. Dieser lies ihn zu Herodes bringen, der aber nichts mit ihm anfangen konnte. In Lukas 23,11 steht: Aber Herodes mit seinem Hofgesinde verachtete und verspottete ihn, legte ihm ein weißes Kleid an und sandte ihn wieder zu Pilatus. Herodes gab also die Verantwortung ab und schickte ihn zu Pilatus zurück – denn der war als Statthalter über Judäa und Jerusalem berechtigt, die Todesstrafe zu verhängen.

KARSAMSTAG

Karsamstag

ist der letzte Tag vor Ostern und zugleich der letzte der 40-tägigen Fastenzeit. Es ist der Gedenktag der Grabesruhe Jesu und des Wartens. Tagsüber wird kein Gottesdienst gefeiert – traditionell finden bei den Katholiken die Osterbeichten statt. Am Sabbat, dem jüdischen Ruhetag, darf man nicht arbeiten. Deshalb musste Jesus noch am Freitag beerdigt werden.

Wer hat Jesus begraben?

Josef aus Arimathia, ein reicher Mann aus dem Volk, erbat noch am Karfreitagabend von Pontius Pilatus den Leib Jesu. Josef nahm ihn ab und wickelte ihn in ein Tuch aus Leinen. Dann legte er den Leichnam in ein neues, leeres, frisch gehauenes Grab – eine Art Höhle, zu der man ebenerdig Zugang hatte. Der reiche Jünger Jesu hatte es ursprünglich für sich selbst gekauft.

Um ganz sicher zu gehen,

wurde Pilatus von den Pharisäern und Hohepriestern aufgefordert, das Grab bewachen zu lassen. Dazu wurden Soldaten vor dem Grab postiert, ein großer Eingangsstein davorgesetzt und das Grab versiegelt. Jesus hatte ja behauptet, nach drei Tagen von den Toten wieder aufzuerstehen, und man wollte den Jüngern keine Möglichkeit geben, den Leichnam zu stehlen, damit sie sagen könnten, genau dies sei geschehen. Die Auferstehung, meinten sie, wäre ja der deutlichste Beweis dafür gewesen, dass Jesus doch Gottes Sohn sei – und das würde wohl im Volk unkalkulierbare Tumulte auslösen.

Als dann Jesus tatsächlich auferstand, wurden die Soldaten von den Hohepriestern und Ältesten mit Geld bestochen. Sie mussten öffentlich bekennen, dass die Jünger Jesu ihren Herrn entfernt hätten, während sie schliefen. Die Jünger aber waren in Wirklichkeit verzweifelt und hatten sich aus Angst, selbst festgenommen und verurteilt zu werden, versteckt.

Worauf warten die Gläubigen am Karsamstag?
Evangelische und katholische Christen denken an das Begräbnis Jesu, feiern den Tag der Grabesruhe, warten auf seine Wiederkunft und auf das Jüngste Gericht. Im Gegensatz dazu feiern die orthodoxen Christen am Karsamstag den Abstieg von Jesus in die Hölle als das zentrale Ereignis von Ostern. Jesus durchwanderte das Totenreich und holte die Verstorbenen in sein neues Reich des Lebens. Der Tod Jesu bedeutet den »Tod des Todes«. Ostern heißt: Die Macht des Todes ist endgültig besiegt. Wer an Jesus und seine Auferstehung glaubt, wird auch selbst auferstehen.

Was suchte Jesus im Reich der Toten?
Er stieg vor seiner Auferstehung in den Hades hinab, zerbrach die Pforten der Hölle und verkündete den Toten (1. Petrus 3, 19.20; 4, 6) und den Gerechten des Alten Testaments ihre Erlösung.

In der Osternacht,
also von Karsamstag auf Ostersonntag, geht die Passionszeit zu Ende. Und es erklingen wieder die ersten Kirchenglocken, die von Gründonnerstag an verstummt waren. In der Nacht beginnen die Gottesdienste in der noch dunklen Kirche. Vielerorts brennen große Osterfeuer. Während der Pfarrer mit einer brennenden Kerze den Raum erhellt, singt die Gemeinde »Christus ist das Licht«. Die große Kerze gibt ihr Licht weiter an viele kleine Kerzen in den Händen der Menschen.

Neue weiße Paramente bedecken die Altäre bis Trinitatis (beginnt nach Pfingsten). Weiß symbolisiert das Licht. Es ist die

Farbe des Herrn und zugleich Zeichen der Unschuld, der Vollkommenheit und Erneuerung.

Seit dem 2. Jahrhundert
wurde nur zweimal im Jahr Taufe abgehalten: an diesem Vorabend des Osterfestes sowie einen Tag vor Pfingsten. Es war die Glaubenstaufe derjenigen, die sich bereits in der Fastenzeit darauf vorbereitet hatten. Und nur als Getaufter durfte man das Abendmahl empfangen.

Ein wichtiger Ort des Gedenkens
an Jesu Tod ist für Christen aller Konfessionen die Grabeskirche von Jerusalem. Ihr Ursprung geht auf einen Besuch zurück, den die Mutter von Kaiser Konstantin 326 im Heiligen Land machte. Konstantin I. hatte 313 im »Toleranzedikt von Mailand« das Christentum offiziell zur Staatsreligion im Römischen Reich erklärt. Jetzt suchte und fand man die Stätten des Todes und der Auferstehung von Jesus wieder, was zur raschen Verbreitung von Kreuzreliquien in alle Welt führte.

Schon 335 wurde eine Kirche eingeweiht, die das Grab und den Hügel von Golgatha einbezog. Die Basilika wurde 614 von den Persern und – nach ihrer Wiederherstellung 1009 – noch einmal vom Kalifen Al-Hakim zerstört. Das war einer der Gründe, die zu den Kreuzzügen führten. 1149 errichteten die Kreuzfahrer einen Neubau, der in etwa der heutigen Kirche gleicht.

OSTERSONNTAG

Was geschah am Sonntag?

Am Sonntag, dem ersten Tag der Woche, wollten Maria (die Mutter von Jakobus dem Jüngeren), Maria Magdalena und andere den Leichnam Jesu salben – und entdeckten das leere Grab. Tags zuvor, am Sabbat, waren ja entsprechende Arbeiten verboten. Matthäus berichtet, dass ein großes Erdbeben geschah und ein Engel vom Himmel herabkam, den großen Stein vom Grab wälzte und sich darauf setzte. Seine Gestalt sei wie ein Blitz und sein Gewand weiß wie Schnee gewesen. Die Wächter erschraken und stellten sich tot. Der Engel bezeugte Jesu Auferstehung und schickte die Frauen zurück. Sie sollen Christus bei den Lebenden suchen und es den Jüngern sagen. Aber die Frauen fürchteten sich.

Was feiern Christen an Ostern?

Es ist das Fest der Auferstehung Christi. Der Ostersonntag ist das älteste und wichtigste Fest der Christenheit. Die Christen gedenken des Opfertodes Jesu, der für die Unvollkommenheit und die Schuld der Menschen ans Kreuz gegangen, gestorben und von den Toten auferstanden ist. Er hat sich für jeden einzelnen Menschen geopfert – durch ihn sind alle Sünden vergeben, die den Menschen seit der Vertreibung aus dem Paradies auferlegt waren. Seit Jesu Auferstehung können Menschen Gott wieder persönlich begegnen. Das Leben hat den Tod besiegt. Jesu Auferstehung schenkt den Christen die Hoffnung und die Gewissheit, dass alles nach dem Tod nicht endet, sondern weitergeht.

Feierte man auch schon vorher das Osterfest?

Nicht in unserem heutigen Sinne. Jesus und seine Jünger feierten wie alle Juden Passah beziehungsweise Pessach mit der Bedeutung »vorübergehen«. Am 14. Tag des ersten jüdischen Monates Nisan (zwischen März und April) wird bis heute der Auszug des Volkes Israel aus der ägyptischen Sklaverei gefeiert.

Ostern wird kurz nach Frühlingsanfang begangen,

genau am Sonntag nach dem ersten Frühlingsvollmond – und ist im Gegensatz zu Weihnachten ein bewegliches Fest. Denn der Frühling beginnt ja immer erst dann, wenn Tag und Nacht gleich lang sind. Und das variiert natürlich von Jahr zu Jahr. Von diesem Termin hängen auch alle anderen beweglichen christlichen Feiertage ab, die nach Ostern folgen. Bis zum Himmelfahrtstag sind es 40 Tage, bis zum Pfingstfest 50 Tage. Der deutsche Mathematiker Carl Friedrich Gauss hat die Formel zur Berechnung des Ostertermins entwickelt.

Nach dem Mondlauf und nicht nach der Sonne,

wie wir es heute tun, berechneten viele alte Völker den Jahreslauf. So ist auch der jüdische Kalender ein Mondkalender. Und da man einst Ostern auf denselben Termin wie das Passahfest legte, spielt bei der Berechnung der Mond eine nicht unwesentliche Rolle.

In der frühen Kirche

wurde Christi Geburt nicht gefeiert. Der Schwerpunkt lag alleine auf dem Osterfest. Denn ohne die Auferstehung Jesu, sagte man, wäre ja seine Geburt relativ uninteressant. Heute hat es in Großteilen der Bevölkerung keine solch herausragende Bedeutung wie Weihnachten, das Fest der Geburt Jesu. Das zeigt sich unter anderem schon daran, wie wenige Osterlieder einem dazu einfallen.

Zunächst wollte man Ostern nicht am selben Tag wie das jüdische Passahfest feiern. Die damaligen Christen in Kleinasien wählten deshalb den 14. Nisan (siebter Monat des jüdischen Kalenders), die römischen und meisten anderen Gemeinden jedoch den Sonntag danach.

Durch das erste Konzil von Nizäa wurde im Jahr 325 der Streit geschlichtet und die Berechnung des Ostertermins genau festgelegt. Man einigte sich auf den ersten Vollmond nach Frühlingsbeginn. Als frühesten Termin benannte man den 22. März, als spätestmöglichen einigte man sich auf den 25. April.

Osterbräuche

Glockengeläut

lädt am Morgen die Gemeinde zum Festgottesdienst. Christen begrüßen sich mit den Worten: »Christus ist auferstanden«, und antworten einander: »Er ist wahrhaftig auferstanden.« In katholischen Gegenden ist es üblich, Osterkerzen sowie einige Speisen des Ostermahles mitzubringen und segnen zu lassen. Neben Schinken und Speck zum Beispiel Gebildbrote in Hasen-, Hennen- oder Lammform, Osterbrezeln oder verschiedene andere Gebäcke aus Biskuit- oder Rührteig sowie die bunten Ostereier. In vielen Gegenden war es Brauch, am Ostersonntagmorgen vor dem Frühstück etwas frisch geriebenen Meerrettich (Kren) zu sich zu nehmen – zur Erinnerung an das bittere Leiden Christi. Dann erst durfte gegessen werden.

Der Sündenbock

war ein Opfertier im Alten Testament, das man symbolisch – mit den Sünden des Volkes beladen – in die Wüste schickte (3. Mose 16, 5-10. 20-22). Dazu wurden einem Schafbock die Hände aufgelegt und symbolisch alle Missetaten bekannt. Dass das Tier nicht wiederkehrte, interpretierte man als deutliches Zeichen dafür, dass die Schuld für immer fortgenommen war und man nun nichts mehr damit zu schaffen hatte. Da der Sündenbock für die anderen büßen musste, galt man somit selbst als von aller Schuld gereinigt.

In ähnlicher Weise hat Christus die Sünden der Welt auf sich geladen, worauf bereits Johannes der Täufer hingewiesen hat: »Siehe, das ist Gottes Lamm, welches der Welt Sünde trägt!« Dieses »Lamm« war für die Christen genug – in den christlichen Gottesdiensten gibt es darum keine Tieropfer und keinen Genuss von Fleisch mehr.

Die Redewendung »frisch von der Leber weg sprechen« stammt

schon aus Zeiten des Altertums. Damals nahm man die Leber wichtiger als das Herz – sie war das Zentrum der Bereitung der Lebenssäfte und galt als der Sitz der Seele. Opferte man ein Tier, wurde zuerst die Leber geprüft. Nach dem Befund weissagte man die Zukunft. So war dieser Seelensitz also dazu befähigt, Wahrheiten zu offenbaren. Deshalb spricht man heute frei von der Leber weg, wenn man sich nicht scheut, sich freimütig und offen zu etwas zu bekennen.

Eier zu Ostern – warum?

Diese Symbolik gibt es bei uns seit dem frühen Mittelalter – sie ist seit 1553 nachgewiesen. Eier waren in vielen heidnischen Kulturen schon immer ein Sinnbild für Fruchtbarkeit und Leben. Man glaubte, das Ei habe Lebenskeime in sich, die sich im Frühjahr auf denjenigen übertragen, der es isst. In alten Mythen der Ägypter, Perser und Inder ist vom »Welten-Ei« die Rede, aus dem ursprünglich sogar alles Leben entstanden sein soll.

Für Christen gilt das Ei

heute als Zeichen der Auferstehung mit der Schale als Grab, aus dem das neue Leben kommt. Es symbolisiert aber auch den

Christenmenschen selbst: Die Schale ist die zerbrechliche Leibeshülle (2. Korinther 5, 1), das Eiweiß ist der ungefärbte Glaube und das Eigelb steht für das Licht Jesu – die Sonne der Gerechtigkeit.

Da Eier während der Fastenzeit

nicht gegessen werden durften, hat man sie abgekocht, um sie haltbar zu machen. Denn die Hühner legten ja fleißig weiter Eier – und der Kühlschrank war noch nicht erfunden. Nach 40 Tagen holte man die gesammelten Vorräte aus dem Keller. An Ostern waren die ersten Eier etwas ganz Besonderes – daher brachte man sie in die Kirche, um sie vor dem Genuss weihen zu lassen. Sie waren laut mittelalterlichem Verständnis »flüssiges Fleisch« und fielen somit unter das Fastengebot. Um geweihte von gewöhnlichen Eiern unterscheiden zu können, wurden sie rot gefärbt. Sie sollten die Menschen zugleich an das Blut Jesu erinnern. Später wurden sie zum Ausdruck der Freude kunstvoll mit Mustern, Bändern und Borten verziert. Seitdem hängt man die ausgeblasenen Ostereier in die blühenden Zweige zwischen Ginster und Weidenkätzchen.

Osterlachen

Im Mittelalter und Frühbarock ging es oftmals vergnügt in der Kirche zu. Vor allem am Ostersonntag versuchte der Pfarrer, die Gemeinde zum Lachen zu bringen. Man wollte zum Ausdruck bringen, dass die Auferstehung Christi den Menschen mit Leib und Seele betrifft.

Noch heute heißt es im Evangelischen Gesangbuch, im Choral »Auf, auf, mein Herz, mit Freuden« in der fünften Strophe: »Die Welt ist mir ein Lachen / mit ihrem großen Zorn / sie zürnt und kann nichts machen / all Arbeit ist verlorn.« Das Osterlachen wurde ab dem 18. Jahrhundert (Aufklärung) aus der Kirche verbannt.

Was sind Osterspiele?

Sie sind seit dem 10. Jahrhundert bekannt und erlebten im Mittelalter ihren Höhepunkt. Das gesamte Ostergeschehen, die Leidensgeschichte Christi, wird hierbei zur Aufführung gebracht. Zuerst in Latein, dann auch in deutscher Sprache. Begonnen hat es mit einer Art Wechselgesang zwischen dem Engel und den am Grab anwesenden Frauen. Später wurden daraus die sogenannten Passionsspiele.

Die bekannten Oberammergauer Passionsspiele,

in denen die gesamte Leidensgeschichte Jesu dargestellt wird, gehen auf ein altes Gelübde zurück. Als um 1633 die Pest wütete, gelobte man »vor Gott und der Welt«, diese Spiele regelmäßig alle zehn Jahre aufzuführen. Zu Pfingsten 1634 erfüllte man das Versprechen zum ersten Mal auf einer Bühne, die man auf dem Friedhof aufschlug – direkt über den frischen Gräbern der Pesttoten. Danach spielte man in der Kirche, später auf dem Marktplatz. Hin und wieder wurden auch weltliche Szenen mit eingebaut.

Mit dem Ostersonntag beginnen

jetzt auch vielerorts die Konfirmationen, in denen die Jugendlichen offiziell in die Gemeinschaft der Gläubigen aufgenommen werden. Sie sind nun mündige Christen.

Die Passionsblume

Den Aufbau dieses Kletterstrauches hat man schon immer gerne mit dem Tod Christi in Verbindung gebracht. Die Passionsblume ist eine hoch rankende Tropenpflanze, die einst den Namen Passiflora erhalten hat. Bei uns ist die Frucht der Pflanze als Maracuja bekannt. Sie hat viele große Blüten, deren Kelchblätter mit der Dornenkrone Christi verglichen werden: die fünf Staubblätter beziehungsweise Staubbeutel mit den Wundmalen, die Dolde mit dem Schwamm, der dreiteilige an der Spitze verdickte Griffel mit den drei Nägeln der Kreuzigung.

Ende des 16. Jahrhunderts soll sie von spanischen Eroberern aus Brasilien und Peru nach Europa gekommen sein. Ihre Früchte sind sehr nahrhaft und beliebt. Man kennt heute über 400 Arten.

Wer komponierte die Matthäuspassion?

Es war Johann Sebastian Bach. Neben etlichen Messen und Kantaten, die er dem Leiden Christi gewidmet hat, ist dies wohl mit sein bekanntestes Werk. Die Matthäuspassion wurde am 15. April 1729 in der Thomaskirche in Leipzig uraufgeführt. Es war der Karfreitag vor Ostern.

Die Redewendungen »Herrje« und »Ojemine«

Wenn man sein Erstaunen über ein unerwartetes Ereignis zum Ausdruck bringen möchte, wenn man bestürzt ist oder sich ärgert, kommt einem gerne mal spontan eine dieser beiden Redewendungen über die Lippen.

»Herrje« ist die Abkürzung für »Herr Jesus« und stellt im ursprünglichen Sinn eine Art Hilferuf dar. Es kann aber auch als kleiner Vorwurf verstanden werden: Wie kann so etwas nur passieren, wie kann er mir das nur antun, wieso trifft es ausgerechnet mich? Aus der lateinischen Anrede »Jesu Domine« für Herr Jesus (Vokativ) ist die komprimierte Form »Jemine« entstanden – und drückt im heutigen Sprachgebrauch vor allem Jammer und Verzweiflung aus. Und jeder hat sie als Kind selbst schon gehört – die hilflosen und besorgten Worte der eigenen Mutter: »Ojemine, was hast denn du schon wieder angestellt!«

OSTERMONTAG

Ostermontag

ist der zweite kirchliche Feiertag und zugleich letzter Tag des Osterfestes, an dem man Bekannten und Verwandten gerne einen Freundschaftsbesuch abstattet. Besonders bei den Katholiken ist der Besuch von Kapellen und Prozessionen im Freien auch als »Emmausgang« bekannt. Das Ziel ist, einen Sündenablass zu erlangen, wozu man in früheren Zeiten zweitausend Schritte von Kirche zu Kirche gehen musste. Diese volkstümliche Bezeichnung für den Osterspaziergang leitet sich von einer Begebenheit im Lukasevangelium 24, 13-35 ab: Zwei Jünger redeten auf ihrem Weg nach Emmaus miteinander über alles, was sich in Jerusalem ereignet hatte. Jesus geht mit ihnen, aber sie erkennen ihn erst, als er das Brot mit ihnen teilt.

Die Erscheinungen Jesu

Der Auferstandene erscheint Maria aus Magdala. Er begegnet drei Frauen, als sie auf dem Weg zu den Jüngern sind, um vom leeren Grab zu erzählen. Er erscheint zwei Jüngern auf dem Weg nach Emmaus. Er erscheint den restlichen Jüngern (Lukas 24, 13-35). Er erscheint den Jüngern und zeigt Thomas seine Wunden. Der Auferstandene zeigt sich den Zwölfen auf einem Berg in Galiläa und erscheint seinen Jüngern am See Tiberias. Dann erscheint er ihnen über 40 Tage immer wieder. Er erscheint Kephas und danach 500 Menschen auf einmal. Schließlich begegnet der Auferstandene Jakobus und den anderen. Die Kirche hat daraus einen separaten Gedenktag, den Ostermontag, gemacht.

Der Missionsbefehl

Die elf Jünger waren in Galiläa auf einem Berg, den Jesus ihnen genannt hatte. Als sie ihn sahen, fielen sie vor ihm nieder und manche zweifelten. Jesus sprach: »Mir ist gegeben alle Gewalt im Himmel und auf Erden. Geht hin und lehrt alle Völker und tauft sie im Namen des Vaters und des Sohnes und des Heiligen Geistes, lehrt sie halten alles, was ich euch befohlen habe. Und siehe, ich bin bei euch alle Tage bis an der Welt Ende« (Matthäus 28, 20).

Etwas von den Dächern predigen

Wer jemandem etwas im Vertrauen erzählt, erwartet vom Gegenüber, dass dieser alles für sich behält und nicht »die Neuigkeiten von den Dächern predigt«. Was man heute eher als Indiskretion versteht, hatte im ursprünglichen Sinn eine ganz andere Bedeutung.

Im Orient gibt es noch heute flache begehbare Hausdächer, von denen aus man schon vor 200 Jahren gut sichtbar auf die unten stehenden Menschen herunterreden konnte. Im Evangelium des Matthäus (10, 26-27) steht, wie Jesus zu seinen Jüngern sprach: »Doch fürchtet euch nicht vor denen, die euch bedrohen. Es kommt die Zeit, da wird alles offenbar werden. Alles, was jetzt noch geheim ist, wird öffentlich bekannt gemacht werden. Was ich euch im Dunklen sage, gebt am hellen Tag weiter, und was ihr ins Ohr geflüstert hört, ruft von den Dachterrassen herunter.«

Jesus forderte also seine Jünger auf, die Öffentlichkeit nicht zu scheuen und den Leuten mutig ihren Glauben weiter zu sagen. Sie sollten es also selbstsicher von den Dächern predigen.

Als Ostermontagslied

bevorzugt die evangelische Kirche Martin Luthers Werk »Jesus Christus, unser Heiland, der den Tod überwand«. Er hat es 1529 in Wittenberg zu Ehren des Herrn geschrieben.

MARIA

Bevor Christus gekreuzigt wurde,

bat er seinen Jünger Johannes, sich um seine Mutter Maria zu kümmern. Sie erwartete später ihren Tod wohl auch im Kreise der Apostel. Wo und wann sie starb, ist nicht überliefert. 431 erkannte das Konzil von Ephesus Maria den Titel »Gottesgebärerin« zu. Laut katholischem Glauben hat Maria ohne Erbsünde empfangen, musste nicht wie Normalsterbliche durch das Jüngste Gericht und wurde nach ihrem Tod mit Leib und Seele direkt in den Himmel aufgenommen.

Maria ist die bekannteste Frau der Bibel.

Sie wurde circa 17 vor Christus geboren und gehörte nach dem Tod Jesu zur Urgemeinde in Jerusalem. Galater 4, 4 ist die älteste Bibelstelle (circa 55 nach Christus), in der sie erwähnt wird. Für den Reformator Martin Luther ist sie ein Vorbild im Glauben und ein Beispiel für die Gnade Gottes, der sich gerade den Unwichtigen dieser Welt zuwendet.

Mariä Himmelfahrt

Das älteste Marienfest wird am 15. August von den Katholiken begangen, der Tag ist auch als Mariä Heimgang und Großer Frauentag bekannt.

Aus evangelischer Sicht sind die beiden von der römisch-katholischen Kirche formulierten Mariendogmen von der »unbefleckten Empfängnis Marias« (1884) und ihrer »leiblichen Aufnahme in den Himmel« (1950) biblisch nicht zu begründen – und markieren einen der deutlichsten Unterschiede zwischen den beiden Konfessionen.

Manche Ausleger
beziehen sich beim katholischen Dogma der »leiblichen Aufnahme in den Himmel« vor allem auf folgende zwei Bibelstellen: In Johannes 5, 25 heißt es: »Ich versichere euch: Die Zeit wird kommen, ja, sie hat schon begonnen, in der die Toten die Stimme des Sohnes Gottes hören werden. Und wer diesen Ruf hört, der wird leben.« Und in Matthäus 27, 52.53 wird beschrieben, was geschah, nachdem Jesus verschied und der Vorhang im Tempel in zwei Stücke zerrissen war: »Gräber öffneten sich, und viele Verstorbene, die nach Gottes Willen gelebt hatten, erwachten vom Tod.« Durch diese Tatsachen gibt es Glaubenstendenzen, dass die sogenannten Segensträger, Segensvermittler und Segensverbreiter (also auch Maria) wohl gleich nach ihrem Tod auferstanden sind.

Seit Ende des 4. Jahrhunderts
wurde die Himmelfahrt Marias mit einem eigenen Fest gewürdigt. Der byzantinische Kaiser Maurikios (582-602) war es, der das Fest auf diesen Tag im August legte. Im Laufe des 7. Jahrhunderts übernahm die römische Kirche aus dem Osten neben den drei anderen klassischen Marienfesten (Mariä Geburt, Mariä Verkündigung, Mariä Reinigung) das Fest »Mariä Aufnahme in den Himmel«. 813 wurde es in Deutschland eingeführt. Die Himmelfahrt Mariens wurde 1950 durch Papst Pius XII. zum Dogma erklärt und ist ein wesentlicher katholischer Glaubenssatz. Es ist das höchste Marienfest der katholischen Kirche. Man begeht es vielerorts mit Wallfahrten und Lichterprozessionen.

DIE WOCHEN NACH OSTERN

Weißer Sonntag

heißt der erste Sonntag nach Ostern, weil in der alten Kirche die Täuflinge zum letzten Mal ihr weißes Taufkleid (lateinisch alba) trugen. Weiß ist die Farbe des Ursprungs und die Farbe der Vollendung.

Seit dem Konzil von Trient (das in drei Sitzungsperioden zwischen 1545 bis 1563 stattfand) begingen die Katholiken an diesem Tag die Erstkommunion. Evangelische Christen feiern mit der Konfirmation den Übertritt ins Erwachsenenalter hin zu einem vollwertigen Kirchenmitglied – man besitzt volle Religionsmündigkeit. Das eigene »Ja« zum Glauben gewinnt an Gewicht.

Ein in Vergessenheit geratener Brauch

Früher wurden in den Wochen nach Ostern vom katholischen Pfarrer in den Häusern die Beichtzettel eingesammelt. Diese waren mit einem Bild der Kirche, in der man gebeichtet hatte, sowie der Jahreszahl versehen. Der Mesner begleitete ihn mit einem Korb, in den von den Gläubigen für jeden Zettel ein Ei gelegt wurde. Nach dem Zweiten Vatikanischen Konzil (1962-1965) geriet der Brauch langsam in Vergessenheit.

Als österliche Freudenzeit

werden die 50 Tage bis Pfingsten bezeichnet. Jetzt geht es den letzten Ostereiern an die Schale. In den Tagen und Wochen nach Ostern werden nach und nach die hart gekochten Ostereier verspeist – oder zu besonderen Gerichten verarbeitet. Jede Region hat hier wieder ihre ganz eigenen Spezialitäten.

Christi Himmelfahrt

Während Jesus noch eine Zeit lang

nach seinem Tod (und der Auferstehung von den Toten) mit verklärtem Leib unter den Aposteln weilte, ihnen seine Wundmale zeigte, mit ihnen aß, die Schrift auslegte, sie mit der Aussendung in die Welt (Mission) vertraut machte und ihnen die »Kraft aus der Höhe« (den Heiligen Geist) ankündigte – tritt er mit seiner Himmelfahrt endgültig die Herrschaft im Himmel an. Himmelfahrt ist die Thronbesteigung Christi (Lukas 24, 50-52 und Apostelgeschichte 1, 1-11). Jesus gilt als das Haupt der Gemeinde, die als sein »Körper« – jeder Gläubige ist ein Teil davon – zwar noch hier, in unserer Welt, bestehen muss, für die aber trotzdem schon die »Ewigkeitsperspektive« gilt: Christen haben die Hoffnung auf ewiges Leben in der Gegenwart Gottes und die Befreiung von Tod, Schmerz und Traurigkeit. Gefeiert wird Himmelfahrt am Donnerstag nach dem 5. Sonntag nach Ostern.

Der Auferstandene zeigte sich nach seinem Tod

noch 40 Tage lang auf der Erde und redete über das Reich Gottes – also das Ewigkeitsreich, in dem Gott unbeschränkt das Sagen hat. Vor den Augen der Jünger wurde er dann hochgehoben, eine Wolke (Symbol für Gottes Gegenwart) nahm ihn auf, er fuhr auf in Richtung des Himmels und kam auf diesem Wege zu Gott.

Die Zahl 40

gilt in der Bibel als heilige Zahl: Es gibt die Zeit der Buße und Strafe (40 Jahre zog das Volk Israel durch die Wüste), es gibt die Zeit des Betens und Fastens (40 Tage ist Jesus in der Wüste) und 40 Tage währt die Fastenzeit – früher dauerte auch die Adventszeit sechs Sonntage lang.

Einst war es auch Brauch
Bittgänge zur Kirche abzuhalten (wie zu Ostern und am 1. Mai) und um Segen für die Ernte zu beten. Heute leben diese Bittprozessionen in vielen Gegenden wieder auf – man zieht gemeinsam zu bekannten Wallfahrtskirchen. Vielerorts werden auch heute noch, zum Schutz vor Blitzeinschlag, aus heimischen Kräutern geflochtene Kränze in die Ställe gehängt. Und es wird die in der Osternacht entzündete Osterkerze ausgeblasen, da Christus nun nicht mehr unter den Jüngern weilt.

Seit dem 4. Jahrhundert
kennt man in der römischen Kirche den Montag, Dienstag und Mittwoch vor Christi Himmelfahrt als Bitttage. Um das Jahr 800 wurden von Papst Leo III. die Bittprozessionen offiziell eingeführt. Hier wird an Bildstöcken (Marterln), Wegkreuzen und Feldkapellen für eine gute Ernte gebetet. Diese Flurprozessionen enden mit Musik und Tanz, Speis und Trank.

Als Prozession bezeichnet man
ein Ritual, bei dem eine Menschengruppe nach bestimmten Regeln zu Fuß eine bestimmte Strecke zu einem festgelegten Zweck zurücklegt. Bereits ein germanischer Rechtsbrauch besagte, dass ein Grundbesitzer mindestens einmal im Jahr sein Land umschreiten und kontrollieren müsse, um den Besitzanspruch aufrechtzuerhalten. Der Volksbrauch der Flurumgänge, der christlichen Prozession, wird gerne auch auf den Gang der Jünger auf den Ölberg (Matthäus 28, 16-17) zum Zweck ihrer Aussendung zurückgeführt. In Erinnerung an diese Begebenheit unternahm vor allem die männliche Jugend entsprechende Bergwanderungen.

Im Mittelalter spielte bei den Bittprozessionen
oftmals der Alkohol eine wesentlich größere Rolle als das Weihwasser. Daraus entwickelten sich im 19. Jahrhundert die soge-

nannten »Herrenpartien« – woraus schließlich als Gegenstück zum Muttertag der uns heute bekannte Vatertag mit all seinen weltlichen Auswüchsen wurde.

Wie kam es zum Vatertag?

Im Jahr 1910 rief die Amerikanerin Louisa Dodd schließlich offiziell eine Bewegung zur Ehrung der Väter ins Leben. Immer mehr Männer forderten »equal rights for fathers«. Präsident Nixon erhob schließlich im Jahr 1974 den zweiten Sonntag im Juni in den Rang eines offiziellen Feiertages als Pendant zum Muttertag.

In Deutschland fällt er jeweils mit Christi Himmelfahrt zusammen. Im Prinzip haben die beiden Feste ganz unterschiedliche Inhalte und nichts miteinander zu tun. Dennoch kann man an dem Begriff Vatertag eine dünne Verbindung zu Christi Himmelfahrt finden: Der geliebte Sohn Jesus Christus kehrt heim zu Gott, ins Vaterhaus.

Was sind Maivögel?

Im Mittelalter gab es den Brauch, dass an Christi Himmelfahrt nur fliegendes Fleisch, also Geflügel, gegessen werden darf. In manchen Regionen werden deshalb auch extra spezielle Gebäcke in Vogelform hergestellt.

PFINGSTEN

Die Jünger Jesu waren in einem Haus
untergetaucht, denn sie hatten Angst, wie Jesus gefangengenommen zu werden. In Jerusalem wurde Erntedank gefeiert. Plötzlich hörten sie ein Rauschen und sie spürten eine göttliche Kraft und Freude. Es ereignete sich das sogenannte Pfingstwunder – die Ausgießung des Heiligen Geistes über die Jünger Jesu (Apostelgeschichte 2, 1-41).

Durch Feuerzungen sichtbar kam der Heilige Geist
über sie herab. Unter Sturmbrausen wurden sie von ihm erfüllt und erfuhren unmittelbar die begeisternde, aktivierende und tröstende Kraft Gottes, die Botschaft Jesu weiter zu leben und weiterzugeben. Ihre Angst war wie weggeblasen und sie waren voller Begeisterung. Sie rannten hinaus und fingen an, »in anderen Zungen«, also in unbekannten Sprachen, zu reden – und es konnte sie jeder verstehen: Juden, Araber, Ägypter und Römer. Die Jüngergemeinde als geisterfülltes neues Gottesvolk bezeugte so, dass Jesus wirklich auferstanden war und sein Versprechen, den Weg zum Schöpfer wieder freizumachen, gehalten hat. An einem einzigen Tag konnten sie so 3000 Menschen bekehren und taufen.

50 Tage nach Ostern
geht die Osterzeit endgültig zu Ende. Der Name kommt von dem griechischen Wort »pentecoste« (der Fünfzigste). Es ist jetzt exakt fünfzig Tage nach Ostern. Laut Apostelgeschichte wurde das erste Pfingstfest fünfzig Tage nach dem österlichen Passahfest gefeiert.

Pfingsten beinhaltet für die heutigen Gläubigen zweierlei: die Ankündigung der Ausgießung des Heiligen Geistes und das Gedenken an den Beginn der christlichen Kirche. Es war damals das Fest der ersten Ernte, an welchem die Nachfolger Jesu zuerst den Geist Gottes empfingen und das Evangelium verkündeten. Deshalb wird Pfingsten auch als »Geburtstag der Kirche« bezeichnet.

Das dritte große Hauptfest der Christenheit
ist seit dem 3. Jahrhundert bezeugt. Pfingsten wird heute vom Großteil der Bevölkerung nicht mehr bewusst als kirchlicher Feiertag gesehen. Man nutzt die Feiertage für einen Kurzurlaub und weiß immer weniger über den eigentlichen Inhalt und Sinn dieser Zeit.

Vor allem in Rom
war das Pfingstfest der zweite feierliche Tauftag. Die Katechumenen (Taufbewerber), die an Ostern wegen Krankheit oder Ähnlichem nicht teilnehmen konnten, empfingen in der Nacht vor Pfingsten die heilige Taufe.

Feierte man auch schon vorher das Pfingstfest?
Ja. Die Juden feiern ihr »Bundesfest« noch heute, aber es hat von jeher einen anderen Sinninhalt. Es heißt auch Wochenfest, weil es sieben mal sieben Tage, also sieben Wochen, nach Passah stattfindet: Am 50. Tag nach dem Passahfest sollten die Israeliten zum Tempel kommen. Dort wurde dann das Dankfest zum Abschluss der ersten Getreideernte begangen (3. Mose 23, 15-22), das Fest der Darbringung der Erstlingsfrüchte im Tempel (2. Mose 23, 16) – später als »Wochenfest« bezeichnet. Diese ersten Feldfrüchte wurden zum Dank für die gute Ernte dargebracht. Eine spätere jüdische Tradition machte dann Pfingsten zum Erinnerungsfest des Bundesschlusses am Berg Sinai. Es war auch ein Termin, an dem Sklaven befreit und die Schulden erlassen wurden.

Was damals am Sinai geschah,
wiederholte sich Pfingsten für alle Völker: eine neue Gesetzgebung. Und auch die Sprachverwirrung, die beim Turmbau zu Babel erfolgt war (1. Mose 11, 1-9), wurde nun durch die eine Sprache des Geistes überwunden – zwischen den Menschen und zwischen Mensch und Gott wurde die Verständigung neu möglich (Apostelgeschichte 2, 6).

Der Inhalt des christlichen Pfingstfestes
hat ebenfalls mit Ernte zu tun, und zwar mit der Sammlung von Menschen um Jesus Christus. Er ist der Sämann und seine Ernte sind alle Menschen, die zu ihm gehören. Pfingsten ist somit eine Fortführung dessen, was an Gründonnerstag geschah.

Bei den heidnischen Völkern Europas
gab es einst den Brauch, in den ersten Junitagen den Tod des Winters und die Geburt des Sommers mit einem großen Fest zu begehen. Einige Vegetationsriten sind uns heute noch bekannt: So ziehen in manchen Gegenden in Moos, Laub oder Haselzweige gehüllte Gestalten durch die Straßen, um den Sommer willkommen zu heißen. Mit der Ausbreitung des Christentums verschmolz dieser ursprüngliche Charakter mit Pfingsten, dem Fest des Heiligen Geistes.

Pfingstmontag – was wird gefeiert?
Am Tag nach Pfingsten hängen, wie am Tag zuvor, noch die roten Paramente an den Kanzeln und Altären. Sie symbolisieren sowohl die Farbe des Pfingstfeuers als auch die Farbe des Blutes der Märtyrer, durch das die Kirche ausgebreitet worden ist.

An diesem Tag beschenkt Gott seine Gemeinde mit den Gaben des Heiligen Geistes. Pfingsten darf jedoch nie isoliert gesehen werden. Der Zusammenhang mit dem Osterfest sollte immer bestehen und für jedermann sichtbar bleiben.

Woher kommt die weiße Taube?

Im Heiligen Geist sehen manche Theologen die weibliche Seite Gottes – im Hebräischen ist der Geist feminin. Er kommt in der Bibel in Form einer Taube vor, die auch im antiken Orient ein Symbol für alle großen Göttinnen war. In Matthäus 3, 16 heißt es: »Und er sah den Geist Gottes wie eine Taube herabschweben.«

Um das 6. Jahrhundert kam dieser symbolische Bezug immer stärker ins Bewusstsein und damit wurde die Taube zum Sinnbild für Pfingsten. Im Mittelalter wurde der Heilige Geist sogar in menschlicher Gestalt abgebildet. Papst Urban VIII. jedoch untersagte im 17. Jahrhundert solche Darstellungen. Als weitere Bilder für den Geist Gottes zählen neben der weißen Taube das Feuer und der Wind.

In der Bibel ist die Taube

Zeichen für das Ende der Sintflut: eine Taube brachte Noah einen Ölzweig in die Arche, zum Zeichen, dass Land in der Nähe ist. Bei der Taufe Jesu im Jordan schwebt eine Taube über seinem Haupt (Matthäus 3, 16) – und auch Neugetaufte werden durch Tauben charakterisiert. Die sieben Gaben des Heiligen Geistes (Weisheit, Vernunft, guter Rat, Stärke, Wissen, Frömmigkeit, Gottesfurcht) werden durch sieben Tauben verkörpert. In der Grabsymbolik ist die Taube der »Seelenvogel«, der zum Paradies emporschwebt und dort auf dem Baum des Lebens sitzt beziehungsweise Wasser des ewigen Lebens trinkt.

Der friedliche, zärtliche und gewaltlose Charakter, der dem Vogel nachgesagt wird, machte ihn zum Inbegriff von Sanftmut und Liebe. Die Taube ist in den 70er-Jahren des 20. Jahrhunderts Symboltier der Friedensbewegung geworden. Frischverliebte werden als Turteltauben bezeichnet.

Aus dem evangelischen Liedgut

werden zu Pfingsten vor allem gerne folgende Lieder gesungen: »Nun bitten wir den Heiligen Geist um den rechten Glauben«

von Martin Luther, das um 1524 in Wittenberg entstanden ist, »O Heiliger Geist, kehr bei uns ein und lass uns deine Wohnung sein« vom Dichter Michael Schirmer (1606-1673), einem Freund Paul Gerhardts, und »Schmückt das Fest mit Maien, lasset Blumen streuen, zündet Opfer an«, eines der tausend Lieder des Schlesiers Benjamin Schmolck (1672-1737).

Weitere Bräuche

In manchen Gegenden sind auch heute noch Flurumritte (Pfingstritt) Tradition. Und in vielen Dörfern ist Schützenfest, wo Schützenkönig wird, wer »den Vogel abschießt« beziehungsweise genau ins Schwarze trifft. Gelegentlich werden auch noch Pfingstfeuer entzündet, um einen symbolischen Zusammenhang zu den Feuerzungen des Heiligen Geistes herzustellen, die allerdings von oben kommend die Jünger Jesu erfüllten.

Der Heilige Geist

ist Gottes Handlungskraft, sein Lebensatem – ja, er ist Gott selbst (Apostelgeschichte 5, 1-11). Die Dreieinigkeit (Trinität)von Vater, Sohn und Heiligem Geist wird ja bereits im Alten Testament in der farblichen Ordnung des priesterlichen Gewandes ausgedrückt: Rot steht für Gott den Schöpfer (Hebräer 12, 29), weiß für Jesus (Matthäus 17, 2) und blau für den Heiligen Geist (2. Mose 24, 10). Gott, der Schöpfer beziehungsweise Vater, ist das verzehrende Feuer (brennender Dornbusch, Feuersäule) und aus dem Rot des Vaters wird der Sohn, das Licht (weiß) geboren. Das Blau des Himmels und des Wassers steht für den Heiligen Geist.

Der Heilige Geist will die Menschen zum Guten verändern. Er wohnt und wirkt in ihren Herzen. Ihm wird die Heiligung zugesprochen – dem Vater die Schöpfung, dem Sohn die Erlösung. Jesus selbst wurde im Leibe Marias durch den Heiligen Geist gebildet (Lukas 1, 34-35).

Seit wann gibt es ihn?

Er war bereits bei der Schöpfung wirksam (1. Mose 1, 2) und erfüllte im Alten Testament einige Könige und Propheten (1. Samuel 16, 13-14; 2. Könige 2, 15) für bestimmte Aufgaben. Durch ihn wurde Jesus in Marias Leib gezeugt (Matthäus 1, 20). Der Heilige Geist wirkte auch in Jesus selbst (Lukas 4, 18). Zu Pfingsten begegnete er dann in seiner ganzen Fülle der in Jerusalem versammelten Schar der Gläubigen und berührte und erfüllte sie.

Die Aufgaben des Heiligen Geistes

Er will leiten (Johannes 16, 13), Jesus verherrlichen (Johannes 16, 14-15) und Menschen von Sünde zur Buße führen (Johannes 16, 8-9). Er gibt Gewissheit, dass man ein Kind Gottes ist (Römer 8, 14-16), schenkt Geistesgaben (1. Korinther 12, 1. 4-11), er wirkt die Frucht (Galater 5, 22) und tritt fürbittend ein (Römer 8, 25-27). Der Heilige Geist wohnt in jedem Gläubigen (1. Korinther 3, 16). In ihm ist jeder geheiligt (Römer 15, 16b).

Wozu braucht man ihn?

Um den Glauben zu erhalten und ewiges Leben zu erlangen. Durch den Heiligen Geist kann man Vater und Sohn kennen- und stückchenweise verstehen lernen. Er bestätigt den Gläubigen, dass sie wirklich Gottes Kinder sind (Römer 8, 15), und lehrt einen auch, richtig zu beten.

Wie merkt man, dass man es mit dem Heiligen Geist zu tun hat?

Der Heilige Geist bewirkt, dass man auf einmal ganz neue Wünsche und Sehnsüchte entwickelt. Man wünscht sich Gemeinschaft mit anderen Christen und gibt Liebe und Heiligung in seinem Leben einen neuen Stellenwert. Nicht zuletzt liest man die Bibel mit »ganz anderen Augen« und versteht sie ganz neu.

Was sind die Früchte des Heiligen Geistes?
Sie sind von Paulus in Galater 5, Vers 22 beschrieben: Liebe, Freude, Friede, Geduld, Freundlichkeit, Gütigkeit, Glaube, Sanftmut und Keuschheit.

Was bedeutet das: »ein wiedergeborener Mensch«?
Seit dem Sündenfall im Paradies wird der Mensch als Sünder geboren. Allein dadurch, dass man sich in seiner inneren Einstellung und auch nach außen hin sichtbar im Leben verändert und sich Jesus Christus als Heiland, Gottes Sohn und Erlöser zuwendet, wächst in uns ein neuer Mensch heran. Um Kinder des »himmlischen Vaters« zu werden, müssen Menschen Buße tun und sich »bekehren«, also von ihrer ganzen Einstellung her von Neuem aus Gott geboren – wiedergeboren – werden.

Durch die erste, natürliche Geburt gehören die Menschen zu Adams Erben, sind also auch Teilhaber an der ersten Sünde, der Abkehr von Gott. Durch die zweite Geburt, die Wiedergeburt (durch den Glauben an Jesus Christus), werden die Gläubigen hineingeboren in die Familie Gottes und haben ewiges Leben (2. Petrus 1, 3f.).

Was bedeutet Buße?
Während es im allgemeinen Sprachgebrauch eine Wiedergutmachung für etwas Unrechtes bedeutet, ist es für Christen eher eine Haltung, eine innere Bereitschaft zur Veränderung und Umkehr – es geht vor allem um Gnade, um Hoffnung, um Vergebung. Buße wurde sowohl in Anlehnung an die Bußtage des Volkes Israel als auch zur Weckung der Selbstbesinnung und Neuorientierung der christlichen Gemeinde vor Gott begangen. In Apostelgeschichte 3, 19 heißt es: »Jetzt aber kehrt um und wendet euch Gott zu, damit er euch die Sünden vergibt.«

Christliche Bußgottesdienste

sind ab 1532 nachgewiesen. Damals fand der erste evangelische Buß- und Bettag in Straßburg als Reaktion auf die Türkenkriege statt. Seit 1848 waren Bußtage zur persönlichen Besinnung und Neuorientierung staatlich verordnet und traten noch über das ganze Jahr über verteilt auf.

1852 schlug die Eisenacher Konferenz einen gemeinsamen, einheitlichen Bußtag vor, denn es gab in den deutschen Ländern immer noch sage und schreibe 47 Bußtage an 24 verschiedenen Terminen. 1934 führte ihn die evangelische Kirche in Deutschland verbindlich ein, bis ihn Adolf Hitler fünf Jahre später auf einen Sonntag legte und damit faktisch abschaffte. Von 1981 bis 1995 war er dann in der Bundesrepublik wieder offiziell gesetzlicher Feiertag.

Wir sind alle Christen – stimmt das?

Die Deutschen, sagt man, sind ein christliches Volk. Kultur- und geistesgeschichtlich stimmt das durchaus, trotzdem ist dies aus Sicht überzeugter Christen eine schwierige Aussage. Denn um Christ zu sein, ist ja die ganz persönliche Entscheidung eines jeden Einzelnen für Jesus notwendig. Und da sind die Christen eindeutig in der Minderheit.

Im Grunde ist es genau wie bei der Frage: Sind alle Deutschen Fußballweltmeister? Natürlich sind es streng genommen nur die, die selbst gespielt haben. Dennoch wollen alle dazugehören, auch wenn man es nur aus der Ferne betrachtet. Doch das geht bei Christus nicht.

Ich bin getauft – genügt das nicht?

Allein das ganz bewusste und ehrliche »Ja« zu Jesus bringt die Rettung: »Wer da glaubt und getauft wird, der wird selig werden« (Markus 16, 16).

Nicht jeder, der als Kind getauft ist, wird später auch Christ – die eigene klare Zustimmung mit allen Konsequenzen im Leben und das bewusste »Ja« zu Gott ist absolute Voraussetzung. Dann beginnen auch die Früchte des Geistes zu wirken. Deshalb bieten viele Gemeinschaften auch Erwachsenentaufen an – Babys bzw. Kinder können sich ja noch nicht bewusst entscheiden.

Die Taufe

ist ein Geschenk Gottes und ein äußeres Zeichen der Aufnahme in die christliche Gemeinde (sie entspricht im Judentum der Beschneidung). Je nach Konfession wird sie durch Begießen des Kopfes mit Wasser oder durch komplettes Untertauchen vollzogen, um den Charakter der Reinigung und des Neuanfangs zu dokumentieren.

Die Taufe und somit die Nachfolge Jesu besteht für Christen aus drei Teilen: 1) der Wassertaufe (Matthäus 3, 11) – dem äußerlichen Zeichen, 2) der Geistestaufe (Markus 1, 8) – der Bestätigung durch Gott, und 3) der Leidenstaufe (Philipper 1, 29) – dem Durchhalten und Dabeibleiben auch in schwierigen Zeiten.

Glauben und glauben

Glauben heißt nicht wissen, sagen die einen. Glauben heißt Gewissheit haben, eingegeben durch den Heiligen Geist, sagen die Christen. Im ersten Vers des Hebräerbriefes heißt es: »Der Glaube ist der tragende Grund für das, was man hofft: Im Vertrauen zeigt sich jetzt schon, was man noch nicht sieht« (Hebräer 11, 1). Durch den Glauben an Jesus Christus ist jedem die Vergebung der Schuld und das Erbe des Himmelreichs (Johannes 3, 16) versprochen. Christen leben im Glauben an Jesus und nach seinem Vorbild – und dürfen bereits einen Hauch der Ewigkeit im Hier und Jetzt spüren. Die Sünde und die Neigung zur Sünde sind zwar im Leben eines Christen auch noch immer da, aber weil der Heilige Geist das Denken und Fühlen verändert, ist ein neues Leben möglich (Galater 5, 16-22).

Seine Feuertaufe bestehen

Wer heutzutage seine Feuertaufe besteht, hat eine Mutprobe erfolgreich absolviert und somit etwas Schwieriges mit Bravour abgeschlossen. Zum Beispiel ist es Brauch, nach der ersten Heißballonfahrt ein Haarbüschel jedes Teilnehmers mit dem Feuerzeug anzuzünden und sogleich mit Sekt zu löschen – zum Zeichen, dass die Feuertaufe bestanden wurde.

Seit jeher wurde dem Feuer eine reinigende Kraft zur Erneuerung des Menschen zugeschrieben. Johannes der Täufer kündigt in Matthäus 3, 11 Folgendes an: »Ich taufe euch mit Wasser zur Buße; der aber nach mir kommt, ist stärker denn ich, dem ich nicht genugsam bin, seine Schuhe zu tragen; der wird euch mit dem Heiligen Geist und mit Feuer taufen.«

Wer's glaubt, wird selig

In der heutigen Umgangssprache wird diese biblische Redewendung benutzt, wenn man auf ironische Art etwas anzweifelt. Es soll damit ausgedrückt werden: Ich bin doch nicht dumm, das glaube ich nicht. Ich halte doch nicht Dinge für wahr, die im Grunde genommen eigentlich absolut unwahrscheinlich sind.

Die selig machende Wirkung des Glaubens wird damit in Frage gestellt. Denn ursprünglich heißt es in Markus 16, 16: »Wer da glaubt und getauft wird, der wird selig werden; wer aber nicht glaubt, der wird verdammt werden.« In unserem Alltag wird der Inhalt dieser Aussage fast genau ins Gegenteil des ursprünglich Gemeinten verkehrt und der Gläubige indirekt als naiv angesehen und belächelt.

TRINITATISZEIT

Am ersten Sonntag nach Pfingsten

wird mit Trinitatis das jüngste unter den kirchlichen Festen begangen. Es ist nur bei uns in der westlichen Welt bekannt. Anfang des 12. Jahrhunderts war es zunächst vor allem in Klöstern Brauch, diesen Tag zu feiern. Im Jahr 1334 wurde Trinitatis durch Papst Johannes XXII. offiziell als kirchliche Feier eingeführt – seit dem 18. Jahrhundert ist der heutige Termin gebräuchlich.

Was bedeutet eigentlich Trinitatis?

Trinitatis heißt übersetzt Dreifaltigkeit bzw. Dreieinigkeit – es ist das Fest zu Ehren des dreieinigen Gottes. Die christliche Lehre spricht davon, dass wir einen Gott in drei Personen verehren: Vater, Sohn und Heiliger Geist. Bereits seit frühkirchlicher Zeit waren in der Liturgie Formeln im Gebrauch, in denen der dreieinige Gott angerufen wird. Die Dreieinigkeit Gottes bekennen wir jedes Mal, wenn wir beten: »Im Namen des Vaters und des Sohnes und des Heiligen Geistes« (Matthäus 28, 19).

Wie bezeichnet man die Zeit nach Trinitatis?

Es ist der sogenannte festlose Abschnitt des Jahres, wobei es eigentlich dennoch genug zum Feiern gibt. Alle nach dem Dreifaltigkeitsfest kommenden Sonntage (bis zu 24) sind durchnummeriert und haben den Zusatz »nach Trinitatis«. Sie beinhalten nochmals alle vorhandenen Festthemen des Jahres und sind inhaltlich dem Leben als Christ und der Gemeinschaft der Christen gewidmet. Die Katholiken kennen diese Zählweise nicht; sie versehen die Sommer-Sonntage jeweils mit dem Zusatz »nach Pfingsten«.

Die Anzahl der Trinitatis-Sonntage

hängt vom wechselnden Ostertermin ab, was sich wiederum auf die Sonntage nach Epiphanias auswirkt: Je mehr Sonntage nach Epiphanias, desto weniger Sonntage nach Trinitatis – und umgekehrt. Jeder Trinitatis-Sonntag behandelt ein besonderes Thema:

1. Sonntag nach Trinitatis:	Apostel und Propheten. Gottes- und Bruderliebe
2. Sonntag nach Trinitatis:	Die Einladung zum Abendmahl
3. Sonntag nach Trinitatis:	Verlorenes Schaf. Von der Versöhnung
4. Sonntag nach Trinitatis:	Die Gemeinde der Sünder. Vergebungsbereitschaft
5. Sonntag nach Trinitatis:	Erwählung und Nachfolge
6. Sonntag nach Trinitatis:	Leben aus der Taufe
7. Sonntag nach Trinitatis:	Am Tisch des Herrn
8. Sonntag nach Trinitatis:	Die Früchte des Geistes. Salz und Licht
9. Sonntag nach Trinitatis:	Von den anvertrauten Gaben
10. Sonntag nach Trinitatis:	Der Herr und sein Volk. Einsatz für das Reich Gottes
11. Sonntag nach Trinitatis:	Pharisäer und Zöllner. Gerechtigkeit aus Glauben
12. Sonntag nach Trinitatis:	Die große Krankenheilung. Bekehrung zu Christus
13. Sonntag nach Trinitatis:	Der barmherzige Samariter
14. Sonntag nach Trinitatis:	Der dankbare Samariter. Gotteskindschaft
15. Sonntag nach Trinitatis:	Die irdischen Güter. Gottvertrauen
16. Sonntag nach Trinitatis:	Die Macht Jesu über den Tod
17. Sonntag nach Trinitatis:	Der sieghafte Glaube
18. Sonntag nach Trinitatis:	Das vornehmste Gebot. Doppelgebot der Liebe

19. Sonntag nach Trinitatis:	Heilung und Sündenvergebung
20. Sonntag nach Trinitatis:	Die Ordnungen Gottes. Eheliche Liebe
21. Sonntag nach Trinitatis:	Die geistliche Waffenrüstung. Feindesliebe
22. Sonntag nach Trinitatis:	In Gottes Schuld. Vergebungsbereitschaft
23. Sonntag nach Trinitatis:	Die Kirche in der Welt
24. Sonntag nach Trinitatis:	Der Überwinder des Todes. Ewiges Leben.

DIE ZEIT NACH JESUS

Wer war der erste Märtyrer?

In der Apostelgeschichte verkündigt Stephanus den Auferstandenen. Hellenistisch gebildete Juden mussten sich gegen ihn in Streitgesprächen intellektuell geschlagen geben und redeten danach schlecht über ihn. Vor dem Hohen Rat in Jerusalem hielt er eine überzeugende Verteidigungsrede (Apostelgeschichte 7).

Stephanus wurde 35 nach Christus vor die Tore Jerusalems getrieben und gesteinigt. Der 26. 12. gilt als der Tag, an dem man im Jahre 415 die Gebeine des Stephanus in Jerusalem gefunden hat. Der Stephanustag liegt deshalb so nahe am Weihnachtstermin (zweiter Weihnachtstag), weil er als Erster seinem Glauben bis in den Tod hinein treu geblieben und für den Herrn gestorben ist. Seine Ermordung war das Signal zur großen Christenverfolgung in Jerusalem.

Die katholische Kirche sprach diesen ersten christlichen Märtyrer heilig – er wurde zu Sankt Stephan. Sein Name bedeutet Kranz beziehungsweise Krone.

Was sind Märtyrer?

Die römisch-katholische Kirche geht davon aus, dass sie sich bereits bei Gott befinden und nicht in der »Warteschleife des Fegefeuers« bis zum Jüngsten Gericht warten müssen. Märtyrer sind Menschen, die verfolgt und getötet wurden, weil sie sich zu ihrem Glauben bekannten und ohne Scheu vor Konsequenzen öffentlich Zeugnis ablegten und sich trotz Haft, Verbannung und Folter nicht von ihrem klaren Bekenntnis zu Jesus/Gott abbringen ließen.

Welche Bedeutung hat das christliche Zeichen des Fisches?

Fisch heißt auf griechisch »Ichthys«. Das sind auch die Anfangsbuchstaben von »Iesus Christos Theos Yos Soter« und bedeutet »Jesus Christus, Gottes Sohn, Retter«. Der Umriss eines Fisches zeigte in der Zeit der Christenverfolgungen den Weg zu einem geheimen Treffpunkt, wo man Gemeinschaft hatte, sich austauschte, feierte und betete.

Wie wurde der Sonntag anstelle des Samstages für die Christen zum Feiertag?

Neben der jüdischen Lebensordnung übernahm die christliche Jerusalemer Urgemeinde die Sieben-Tage-Woche und den jüdischen Festkalender. Bis zum Jahre 80, dem Ausschluss aus den jüdischen Gottesdiensten und Festen, feierten Christen und Juden gemeinsam Sabbat. Nachdem die Juden in das Achtzehnbittengebet die Verfluchung der Nazarener (also der Anhänger des auferstandenen Christus) aufgenommen hatten, wurde der Sonntag zum wöchentlichen Treff und Feiertag der Christen – und somit zum Geburtstag des Christentums. Die Urchristen begingen ihn mit einem »Mahl des Herrn«. Denn es ist der Tag der Auferstehung Jesu Christi – der Tag, an dem die Schöpfung und ein neues Äon der messianischen Zeitrechnung begann.

Zum bekanntesten Zeichen des Christentums

und Identifikationsmerkmal schlechthin bildete sich im Laufe der Zeit das Kreuz heraus. Jesus starb am Kreuz – es steht als Symbol für Frieden und Erlösung. Der vertikale Balken symbolisiert die Beziehung zwischen Gott und dem Menschen. Der horizontale Balken des Kreuzes verbindet die Beziehung zwischen den Menschen. Es kann aber auch für die Verbindung aller Himmelsrichtungen stehen. Das Kreuz wurde 431 durch das Konzil von Ephesos offiziell als christliches Zeichen eingeführt.

Das Christusmonogramm XP wird seit dem 2. Jahrhundert verwendet. Die griechischen Buchstaben Chi und Rho stehen als Abkürzung CHR für Christus. Als PX gelesen, steht es als Abkürzung des lateinischen Wortes Pax (Frieden).

Ein Gesundheitsapostel sein

Die Redensart ist eine Anspielung auf die persönliche Überzeugung eines Menschen, der als Fürsprecher in diesem Fall besonders eifrig für die Sache der Gesundheit eintritt. Jesus gab seinen Aposteln die Vollmacht zu predigen, unreine Geister auszutreiben sowie Leiden zu lindern und Krankheiten zu heilen. Später wurden die Apostel Zeugen der Auferstehung Jesu.

Ein Apostel tritt vehement für seine Sache ein, hält an ihr fest und versucht andere, von seinem Glauben zu überzeugen. Er lebt seine Überzeugung vor und lässt sich nicht beirren. Die Redewendung »Der ist aber ein Gesundheitsapostel« ist oft etwas spöttisch gemeint. Das Anliegen, gesund zu leben, wird dabei mit so viel Hingabe vertreten wie von einem Apostel, der für die Verbreitung seines christlichen Glaubens eintritt.

ENDE UND WIEDERKEHR

Jedes Zeitalter hat seine eigenen Gegebenheiten,

denn nach Überzeugung der Christen hat Gott in den jeweiligen Epochen ja auch ganz Unterschiedliches vor. Ob im Zeitalter des Gesetzes, im jetzigen Zeitalter der Gnade, zur Zeit seiner Wiederkunft im Tausendjährigen Reich oder im zukünftigen Zeitalter (Epheser 1, 10) – mit neuem Himmel und neuer Erde – Gott handelt zu verschiedenen Zeiten immer auf ganz verschiedene Art und Weise mit den Menschen (Galater 4, 1-5).

Alle Ordnungen, die in der Heiligen Schrift stehen, sind einerseits zwar nützlich, andererseits wurde nicht alles speziell für uns heute geschrieben. Hier gilt es unter anderem beispielsweise zwischen Altem Testament (Gesetz) und Neuem Testament (Gesetz und Gnade) zu unterscheiden: Gott verlangt von den Menschen heute nicht mehr all das, was er vom unter dem Joch des Gesetzes stehenden Volk Israel forderte. Wir brauchen keine Beschneidung und auch kein Tieropfer mehr. Im nächsten Zeitalter mag dann wieder Neues gelten.

Die Gesetzlichkeit ist aufgehoben

Schweine gelten zum Beispiel bei den Juden als unreine Tiere und wurden so zum Sinnbild für Verachtung. Als Schweinehirt konnte der im Lukasevangelium (15, 15) beschriebene verlorene Sohn keine tiefere Stufe mehr erreichen; er war verdammt, verachtet und ausgegrenzt. Jesus hat durch seinen Tod und seine Auferstehung alle Gesetzlichkeit aufgehoben/das Gesetz erfüllt – und bietet allen, die an ihn glauben, den Weg zum ewigen Leben – egal woher sie kommen, was sie essen und trinken.

Dass Jesus wiederkommt,
hat er seinen Jüngern öfter angekündigt und nur Gott selbst weiß, wann dies sein wird. In Wirklichkeit wird Jesus zweimal kommen. Das erste Mal, um seine Gemeinde abzuholen – dies wird als Entrückung bezeichnet. In 1. Thessalonicher 4, 13-18 wird berichtet, dass Jesus in den Wolken erscheint und den Boden nicht berührt. Er wird alle Christen, die es je gab, zu sich holen: diejenigen, die schon tot sind, und die Lebenden, die Jesus als ihren Herrn und Retter angenommen haben. Diese Auferstehung wird innerhalb nur eines Augenblickes geschehen. Dann folgen sieben Jahre Trübsal und Gericht auf Erden. Danach wird Jesus erneut kommen. Er wird, so steht es geschrieben, seinen Fuß auf den Ölberg in Jerusalem setzen und dies wird mit einem weltweiten Erdbeben verbunden sein.

Nun folgen fünf wichtige Ereignisse:
1. Jesus wird seine Anhänger und alle Christen, die ihm nachfolgen, zu sich holen. Das sogenannte Hochzeitsmahl zwischen Jesus und seiner Gemeinde wird als großes Fest beschrieben. 2. Die Errettung Israels. Jetzt werden die Juden erkennen, dass Jesus wirklich der Messias ist, auf den sie so lange gewartet haben. 3. Der Anti-Christ und Satan, die während den sieben Jahren regiert haben, werden endgültig von Gott gestürzt und in den Feuersee geworfen. 4. Das Jüngste Gericht. Alle Menschen kommen vor den Richterstuhl Christi und müssen Rechenschaft ablegen. 5. Jesus regiert sein Reich. Gott schenkt uns einen neuen Himmel und eine neue Erde.

Müssen alle Menschen vor das Jüngste Gericht?
Im Matthäusevangelium wird nur zwischen Guten und Bösen unterschieden. Alle werden beim Jüngsten Gericht nach ihren Taten beurteilt und kommen dann entweder ins Paradies oder in die sogenannte Hölle. Diese Stelle bezieht sich dem Wortlaut nach allerdings auf »die Völker«, also auf Personen, denen das

Evangelium noch nicht gepredigt wurde. Anders ist der Maßstab bei denen, die reichlich Gelegenheit hatten, Jesus Christus kennenzulernen: Dieser wird mit dem Jüngsten Gericht im Johannesevangelium beschrieben. Hier entgehen die Nachfolger Jesu, die Gläubigen bzw. Bekehrten, dem Gericht: »Wahrlich, wahrlich, ich sage euch: Wer mein Wort hört und glaubt dem, der mich gesandt hat, der hat das ewige Leben und kommt nicht in das Gericht, sondern er ist vom Tode zum Leben hindurch gedrungen« (Johannes 5, 24).

Zusätzlich zu diesen beiden Konzeptionen
entstanden in theologischen Schriften weitere Interpretationen, die untereinander Überschneidungen, Wechselwirkungen, aber auch massive Widersprüche aufweisen. So findet sich in der Handbuchsammlung des Kirchenlehrers Augustinus ein Modell, das diese Ideen erweitert. Augustinus beschreibt, dass die Seelen beim Jüngsten Gericht in drei Kategorien eingeteilt würden: die vollkommen Guten, die keine Fürbitte brauchen, die ganz und gar Schlechten, die in jedem Fall verdammt werden – und diejenigen, die zwischen diesen beiden Extremen stehen: sie sind nicht gut genug, um keine Hilfe zu brauchen, aber auch nicht schlecht genug, um nicht Nutzen daraus ziehen zu können. Infolge derartiger Diskussionen entstanden im Laufe der Jahrhunderte zwei weitere Vorstellungen. Zum einen die Vorstellung eines Einzelgerichts, das direkt nach dem Tod eines jeden Individuums stattfindet – und zum Zweiten die Schaffung eines dritten Ortes für die oben beschriebenen »Halb-Guten«: das Fegefeuer. Es ist nach römisch-katholischer Auffassung ein Ort und Prozess der Läuterung (Reinigung), in dem die Seele eines Verstorbenen auf den Himmel vorbereitet wird. Die »Armen Seelen« sind also nicht endgültig verloren.

Protestanten lehnen die Vorstellung
eines Läuterungsortes nach dem Tode als unbiblisch ab, denn der Mensch wird ihrer Überzeugung nach allein durch den Glauben

vor Gott gerecht; und somit kann Gott sie nicht doch noch für ihre Sünden in ein Fegefeuer schicken. Aus evangelischer Sichtweise schmälert die Lehre vom Fegefeuer das Opfer Jesu Christi am Kreuz in seiner allumfassenden sündenvergebenden Wirkung und stellt es als »nicht ausreichend« zur Vergebung der Sünden dar, da hier ja der Mensch noch seinen eigenen Teil zur Errettung durch das Ertragen des Fegefeuers beitragen muss.

Die Spreu vom Weizen trennen

Die Redensart bringt zum Ausdruck, dass es notwendig ist, das Gute vom Schlechten zu trennen, das Wertlose vom Wertvollen, das Unbrauchbare vom Brauchbaren. Unter Spreu versteht man die entkörnten Ähren. Die Körner wurden früher mit Holzschaufeln von den leichten Körnerkapseln (Spelzen) durch Hochwerfen gereinigt.

In Matthäus 3, 12 berichtet Johannes der Täufer über den kommenden Jesus: »Schon hat er die Schaufel in seiner Hand, mit der er die Spreu vom Weizen trennt. Den Weizen wird er in seine Scheunen bringen, die Spreu aber wird er verbrennen, und niemand kann dieses Feuer löschen.« Hier geht es um die Unterscheidung, wer in Gottes Augen gut ist und wer nicht.

Die Ersten werden die Letzten sein.

Jesus weist seine Zuhörer in Matthäus 19, 29 darauf hin, dass die Ordnung im Reich Gottes nicht der weltlichen Rangordnung entspricht. Die allzu Gesetzlichen und scheinbar Frommen, die jetzt meinen, den anderen gegenüber im Vorteil zu sein, können bei Gott eine völlig untergeordnete Bedeutung haben. Heute findet die Aussage dann Verwendung, um Dränglern, Wichtigtuern und allzu Voreiligen Einhalt zu gebieten – denn der Wind kann sich leicht drehen. Ansichten können sich schnell ändern und Prioritäten können sich verschieben, meist schwingt dann schon auch eine gewisse Schadenfreude mit.

JESUS UND DAS JUDENTUM

Das Judentum ist eine Religion der Schrift

Es kennt weder einen Klerus noch ein geistliches Oberhaupt. Auch Priester – Vermittler zwischen Gott und den Menschen – sind dem Judentum fremd. Jüdische Gemeinden werden heute geistlich und rechtlich von einem Rabbiner geleitet. Das Judentum sieht Jesus von Nazareth nicht als Sohn Gottes an, da ein Mensch nach jüdischer Auffassung nicht göttlich sein kann.

Jude ist, wer eine jüdische Mutter hat

oder nach dem jüdischen Religionsgesetz zum Judentum übergetreten ist und wer an den Gott Israels glaubt. Gott übergab auf dem Sinai durch Mose dem Volk seine Wegweisung, die Thora. Geschichtliche Geschehnisse bilden Israels Glaubensbekenntnis, die sich im religiösen Leben der Juden, in Ritualen, Gesetzlichkeit (Beschneidung), Gebet und Festfeier widerspiegeln.

Die jüdische Heilige Schrift,

der Tanach, besteht aus drei Büchern: Thora (hebräisch: Weisung), Nebi'im (Propheten) und Ketubim (Schriften). Außerdem gibt es den Talmud, die rabbinische Auslegung der Thora und ihrer Gesetze.

Mittelpunkt und Quelle des jüdischen Lebens ist die Thora. Sie umfasst die fünf Bücher Mose. Bei den Christen sind diese fünf Bücher Teil des Alten Testaments. In der Thora steht die frühe Geschichte der jüdischen Religion und des Volkes Israel. Zudem regelt sie viele Fragen des jüdischen Alltags. Eigens dafür ausgebildete Schreiber übertragen ihren Text auf Pergamente, die zu Rollen zusammengeheftet und im Wortgottesdienst in der Synagoge hervorgeholt werden.

Das Judentum kennt heute eine Vielfalt
verschiedener Strömungen und Auffassungen von Frömmigkeit. Die orthodoxen Juden glauben, dass die Worte der Thora die Worte Gottes sind. Die Halacha, das jüdische Religionsgesetz, wird im Alltag befolgt. Orthodoxe Juden ernähren sich stets koscher und beachten strikt eine große Anzahl ritueller und liturgischer Regeln. Das progressive Judentum übersetzt und interpretiert die Thora in die Gegenwart. Die religiösen Gebote werden nicht wie in der Orthodoxie als von Gott gegeben anerkannt, sondern als vom Menschen gemacht verstanden. Daher können Schrift und Gebote auch vom Menschen neu ausgelegt und erklärt werden. Die Mizwot, die jüdischen Gesetze, werden gemäß der progressiven Lesart locker oder gar nicht gehandhabt.

Das konservative Judentum versteht sich als Mittelweg zwischen orthodoxem und progressivem Judentum. Es will einerseits jüdische Tradition bewahren, andererseits aber mit dem jüdischen Religionsgesetz vereinbare Modernisierungen durchsetzen.

Gemeinsame Basis von Judentum und Christentum
ist das Alte Testament. Jesus selbst war Jude und sagte, er sei nicht gekommen das Gesetz (die Schriften Mose) abzuschaffen, sondern zu erfüllen.

Das den Israeliten von Gott gegebene Gesetz
nannte man in alttestamentlicher Zeit »Zuchtmeister«. Vor Christi Erscheinen war dieser Zuchtmeister notwendig, um jedem Einzelnen seine Sünde und persönliche Schuld deutlich zu machen (Römer 3, 19-20ff.). Der Mensch sollte Gottes Willen erkennen und sein Leben in freiem Willen nach Gottes Wohlgefallen einrichten. Jeder sollte erkennen, dass man es aus eigener Kraft nicht schaffen kann, Gott zu genügen. Im Laufe der Zeit kamen eigene

Vorschriften und Gesetze hinzu, die in der Thora zusammengefasst waren und von den Pharisäern und Schriftgelehrten streng kontrolliert wurden. Diese Gesetzlichkeit hat Jesus als nicht von Gott gegeben angeprangert.

Die Weissagungen über den kommenden Gottessohn wurden mindestens 400 Jahre vor Christi Geburt von den unterschiedlichsten Propheten genannt und zu Papier gebracht. Der christlichen Überzeugung nach hat sich dann in Jesus selbst alles erfüllt und gibt die göttliche Bestätigung, dass Jesus der Messias ist.

Jesus wurde und wird von den Juden nicht als Messias (an)erkannt, sie haben einen triumphierenden Herrscher erwartet, der sie von der römischen Herrschaft befreit. Die Demut und äußere Armut Jesu ist für sie nicht mit dem Bild des Erlösers, auf den sie warten, in Einklang zu bringen, denn er hat nicht mit Gewalt, sondern mit Liebe agiert.

Nach dem verlorenen Aufstand der Juden gegen die römische Herrschaft, der mit der Zerstörung des Tempels im Jahre 70 endete, gewannen die Pharisäer die Führungsrolle im Judentum. Im gegenseitigen Abgrenzungsprozess galt das noch stark von Judenchristen geprägte Christentum nun als unvereinbar mit dem Judentum und wurde auf der Synode von Jamnia (um 95) ausgegrenzt. Der seit etwa 200 nach Christus entstandene babylonische Talmud nannte Jesus daraufhin meist nur »jenen Mann«, vermied also seinen Namen, beschrieb ihn als falschen Propheten und Verführer Israels, der Zauberei trieb, über die Weisen spottete und nur fünf Jünger hatte. Er sei am Vorabend des Passahfestes gehängt worden, nachdem sich trotz vierzigtägiger Suche kein Entlastungszeuge für ihn gefunden habe.

Jesu Herkunft erklärt der Talmud
mit einem Fehltritt Marias: Sie habe sich mit einem römischen Legionär eingelassen und das dabei entstandene Kind dem »Heiligen Geist« zugeschrieben. Für die talmudischen Rabbiner war sie nur eine »Hure«. Jesus sei durch seinen römischen Vater »nicht nur ein Bastard, sondern der Sohn eines Nichtjuden«. Die im Neuen Testament verkündete Abstammung von König David könne er daher nicht beanspruchen.

Auch heute noch kennen viele Juden
nur die Schriften des Alten Testaments, das Neue Testament hat kaum einer gelesen – dort wird aber die Erfüllung der Prophezeiungen, die den Messias betreffen, beschrieben. In der Bibel steht, dass das Volk Israel ihn erkennen und um ihn weinen wird (Matthäus 23, 37-39), wenn Jesus wiederkommt.

JESUS UND DER ISLAM

Der Islam ist nach dem Christentum
die zweitgrößte Religion der Welt. Das Wort »Islam« bedeutet »Unterwerfung unter Gott«, »völlige Hingabe an Gott«. Seine Anhänger bezeichnen sich im deutschsprachigen Raum als Muslime oder Moslems. Es ist eine monotheistische abrahamitische Religion, die sich streng von christlichen Vorstellungen wie Menschwerdung Gottes und Dreifaltigkeit abgrenzt. Der Islam ist nicht allein eine Religion, sondern zugleich ein in sich geschlossenes rechtlich-politisches Wertesystem – eine Trennung von Religion und Staat ist nach islamischem Verständnis nicht vorgesehen.

Über die Ereignisse der ersten sechzehn Kapitel des 1. Mose
gibt es im Koran weitgehende Übereinstimmung mit der Bibel – bis zu dem Punkt, wo Hagar aus Abrahams Haus vertrieben wurde. Die Bibel richtet danach den Blick vor allem auf Isaak, der Islam konzentriert sich auf das, was mit Ismael geschah.

Allah habe viele Propheten, einschließlich Mose und Jesus,
sagt der Islam. Aber Mohammed sei der letzte und größte Prophet von allen. Islamisten haben auf dem Weg zum Seelenheil entsprechende Taten zu erfüllen: Die Schahada (das Glaubensbekenntnis des Islams: »Es gibt keinen Gott außer Allah, und Mohammed ist sein Prophet«) muss mehrmals täglich gesprochen werden, fünfmal täglich muss gebetet werden, man hat zu fasten, Almosen zu verteilen und einmal im Leben muss man nach Mekka pilgern.

Der Koran erwähnt 25 Propheten,
nämlich von Adam bis zu Johannes dem Täufer und Jesus. Zum einen aber werden im Koran Personen als Propheten gewertet, die in der Bibel nicht als solche gelten (z. B. Adam), und zum anderen werden die biblischen Berichte von beziehungsweise über die Propheten nicht anerkannt.

Dies führt zu einer völlig anderen Beschreibung historischer Ereignisse. Am deutlichsten wird dies in der Leugnung des Kreuzestodes Jesu: »(Verflucht wurden sie,) ... weil sie sagten: ›Wir haben den Christus Jesus, den Sohn Marias, den Gesandten Gottes, getötet.‹ – Sie haben ihn aber nicht getötet, und sie haben ihn nicht gekreuzigt, sondern es erschien ihnen eine ihm ähnliche Gestalt« (Sure 4, 157).

Der Koran nennt Jesus »Sohn der Maria«.
Er erzählt einige Episoden aus seinem Leben anders als die Evangelien des Neuen Testaments. Jesus gilt hier als einer der fünf wichtigsten Propheten, die die Menschheit zum einen Gott führen, und als direkter Vorläufer Mohammeds. Jesus gilt im Koran als echter Nachkomme Abrahams und zugleich als sündloser Mensch mit besonderen Fähigkeiten. Mit der Jungfräulichkeit Marias wird auch seine göttliche Herkunft anerkannt. Auch Wunder erzählt der Koran von ihm: Er habe Vögel aus Lehm gemacht, Aussätzige geheilt, sei auf dem Meer gewandelt und habe Tote auferweckt.

Der Koran sieht Jesus jedoch nicht als Sohn Gottes,
da die christliche Vorstellung von der Dreieinigkeit Gottes abgelehnt wird. Jesus war in ihren Augen Gottes Gesandter für sein Volk, die Juden – ihm seien von Gott auch heilige Schriften gesandt worden, die er verkündet habe. Später seien diese von den Christen verfälscht worden.

Nach der Schilderung des Korans verzieh Gott Adam und Eva
nach der Verführung durch die Schlange. Der Koran stellt klar, dass jeder nur nach eigenem Verdienst und Vergehen beurteilt wird. Da die Sünde der Menschen im Islam den Menschen nur nachgelassen und nicht stellvertretend gesühnt wird, ist eine Heilsgewissheit letztlich nicht wirklich möglich. Heilsgewissheit gibt es nur für Märtyrer.

Der Religionsgründer Mohammed wurde
570 nach Christus in Mekka geboren, wuchs bei seinem Onkel auf, heiratete mit 25 Jahren seine Dienstherrin. Mit 40 Jahren hatte er von heftigen Krämpfen begleitete Visionen, während denen er seine Offenbarung empfing. Seine Schriften bilden den Koran. Mohammed hat niemals beansprucht Gott zu sein, wie es Jesus tat. Und Jesus erhob nicht nur diesen Anspruch, sondern er bewies dies auch durch die Auferstehung von den Toten.

Mohammed war mit 13 Frauen verheiratet,
andererseits behauptete der Prophet: »Es gibt nichts Verderblicheres auf der Welt als Frauen.« Sie müssen sich unter schwarzen Schleiern verstecken – fern des öffentlichen Lebens, ohne Schulbildung, ohne Beruf sind sie den Männern weniger wert als Kamele. Das steht im krassen Gegensatz zu Jesus und seinem Umgang mit Frauen. Mohammed war verwickelt in Politik (auch in Heiratspolitik zur Erlangung von Macht), Gewalttaten, Ausrottung (»den Ungläubigen den Kopf abschlagen«, 47. Sure), Beutezüge und Massaker; Handel, Geld und Geschäfte gehörten zum Inhalt seines Lebens.

Einer der Hauptunterschiede zwischen dem Islam und dem christlichen Glauben
ist vor allem die Bewertung der Person und des Werkes Christi. Aus christlicher Sicht ist Jesus Christus der Sohn Gottes, der die

Sünde der Welt trägt. Auf ihn hin ist die gesamte Offenbarungsgeschichte Gottes ausgerichtet. Er ist die Zentralfigur des Glaubens. Er war an der Erschaffung der Welt beteiligt (z. B. Kolosser 1, 16) und wird die Welt richten (z. B. Matthäus 25, 31-33). Keines der Wunder von Mohammed kann mit der Auferstehung Jesu in ihrer Macht und Einzigartigkeit verglichen werden.

Im Gegensatz zu Mohammed

verweisen Autoren des Neuen Testaments auf exakte historische Nachforschungen über das Leben Jesu (z. B. Lukas 1, 1-4). Mohammed trat lediglich mehr als fünf Jahrhunderte nach dem Tod Jesu auf, um entgegen den vorliegenden historischen Dokumenten völlig andere geschichtliche Aussagen aufzustellen.

Für den Islam ist Jesus

zwar eine besondere Persönlichkeit, seine Rolle in der Geschichte Gottes mit dieser Welt wird aber anders bewertet als im Christentum. In der Bibel wird eine große Zahl von Zeugen aufgeführt und eine Kontrolle der Propheten, sowohl durch Verheißung und Erfüllung als auch durch Zeichen und Wunder, ermöglicht.

Die Aussagen des Koran stehen und fallen hingegen lediglich mit dem Anspruch einer Person, dass Gott zu ihr gesprochen haben soll. Mohammed bot keine sichere Hoffnung des Seelenheils an, nur Richtlinien, wie man sich in die Gunst Allahs dienen kann. Anders als der Gott des Islam hat der Gott der Bibel seinen Sohn Jesus geschickt, der für die Sünden aller Menschen starb. Jesus hat nach christlicher Überzeugung mit seinem Tod alles vollbracht, was nötig war, damit alle die an ihn glauben, gerettet sind.

JESUS UND DER HINDUISMUS

Die hinduistische Gesellschaft ist in Kasten eingeteilt – und zwar in vier Hauptkasten mit bis zu 3000 Unterkasten. Die vier Hauptkasten sind:

1. die Brahmanen (oder Priester) und die Mönche
2. die Adligen und die Staatsbeamten
3. die Selbstständigen (Bauern, Handwerker, Geschäftsleute)
4. die Arbeiter.

Die Kastengesetze sind streng und für die Mitglieder niedriger Kasten demütigend. Unter anderem dürfen diese die Gebete der höheren Kasten nicht beten. Die Einteilung in Kasten betrifft zudem nur die Nachkommen der arischen Einwanderer, die um 1500 vor Christus Indien erobert und die Urbevölkerung unterjocht haben. Die Nachkommen dieser Urbevölkerung sind die Kastenlosen, die von den Kastenmitgliedern als unrein angesehen und gemieden werden.

Die gesamte Lehre des Hinduismus dient dazu, den Angehörigen der unteren Kasten zu erklären, warum es gerecht sei, dass sie ein so schweres Los zu tragen haben, und warum es in ihrem Interesse liege, die Mitglieder der höheren Kasten nicht zu beneiden, sondern ihnen im Gegenteil bereitwillig zu dienen. Wer schwer zu leiden hat, der hätte im vorigen Leben besonders schwer gesündigt. Bessere er sich jetzt, könne er im nächsten Leben innerhalb der Kastenordnung höhersteigen. Sündige er weiter, würde er tiefer fallen und gegebenenfalls als Tier wiedergeboren werden. Jesus hingegen bietet Trost und Hilfe und Erlösung an. Und er sagt: »Liebe deinen Nächsten wie dich selbst.«

Die Religion der Hindus besteht hauptsächlich aus sagenhaften Geschichten über die Götter und okkulten Praktiken. Einen persönlichen Kontakt zu Gott zu finden, ist ausgeschlossen. Hinzu kommen massenhaft Dämonen, die den Menschen Angst und Schrecken einjagen. Religionsforscher haben innerhalb des Hinduismus bis zu 300 Millionen Götter gezählt.

Ein Guru ist ein Lehrer, denn die Schriften der Hindus können nicht durch Lesen verstanden werden – sie müssen von Kundigen erklärt werden. Die Bibel ist für jeden da und kann von allen verstanden werden. Die Gurus werden als heilig erachtet und sogar noch nach ihrem Tod verehrt. Sie lehren, dass ein Mensch aus einem endlosen Zyklus der Wiedergeburten (Reinkarnation = Seelenwanderung) befreit werden muss, der durch das Karma bestimmt wird – den Wirkungen aller Worte, Taten und Handlungen in diesem und in allen früheren Leben. Die Befreiung (Moksha) ist erreicht, sobald der Einzelne sein Wesen und sein Bewusstsein auf eine unendliche Ebene ausdehnt und sein Selbst dem absoluten Sein (Brahman) gleich ist. Jeder Hindu muss erkennen, dass er Gott ist – das ist das Ziel.

Das Rad seiner Geschichte dreht sich also so lange, bis er selbst zu Gott geworden ist und nicht wiedergeboren werden muss. Aus dieser leidvollen Kette von Reinkarnationen auszubrechen, ist das Bestreben des Hindu; mit dem Kosmos zu verschmelzen und wieder gottgleich zu werden.

Schuld und Sünde sind in dieser Religion unbekannte Begriffe. Ein Hindu versucht, sich durch Selbstgeißelungen, brutalste Zeremonien und Pilgerreisen auf Knien selbst zu erlösen, er zündet Räucherstäbchen an und praktiziert diverse Meditationen (z. B. Yoga), um von Gedanken frei zu werden, die ihn heimsuchen. Tempelbesuche und Waschungen im Ganges oder anderen sogenannten heiligen Gewässern dienen der Läuterung. Alles zusammen soll dazu dienen, sich dadurch zu »ent-›schuld‹-igen« und das Rad der Wiedergeburten zu durchbrechen.

Das Karma, die Aktiva-Passiva-Bilanz (gute und böse Taten) ähnelt der islamischen Auffassung des letzten Gerichts.

Es gibt drei Wege, auf denen das Ziel

in Verbindung mit bestimmten Meditationstechniken (Raja Yoga) erreicht werden kann: a) Jnana Yoga: Errettung durch Kenntnis der antiken Schriften in Verbindung mit Meditation. b) Bhakti Yoga: Errettung durch völlige Hingabe an eine der vielen Hindu-Gottheiten. c) Karma Yoga: Errettung durch Opfer, Fasten, Pilgerfahrten und andere Zeremonien.

Wesentliche Voraussetzungen für die Meditation sind die Kontrolle über Körper, Atmung und Denken. Bei der christlichen Meditation dagegen geht es nicht darum, den Geist zu leeren – sie soll ihn vielmehr mit der Wahrheit der Grundsätze der Heiligen Schrift füllen (Psalm 1).

Hindus sehen Jesus

nicht als einzige Gestalt des Göttlichen an: »Gott ist größer als Jesus … Würde Gott sich auf eine einzige Inkarnation festlegen, dann würden wir Gott begrenzen und verfügbar machen. Gott ist grenzenlos.« Die Menschwerdung Gottes dient der Gottwerdung des Menschen. Darum ist Jesu Menschsein für Hindus kein vergangenes Ereignis, sondern findet in jeder Menschenseele statt, die sich dem Göttlichen öffnet.

Hier steht Jesus als Mensch mit jedem Guru, Weisheitslehrer oder Heiligen auf einer Ebene und erhält keine besondere universale Erlöserrolle. Seine Versuchung in der Wüste, seine Gleichnisse und Wunder, sein Gebet im Garten Gethsemane und vieles andere werden als meditative Wahrheiten aufgenommen.

Da es im Hinduismus keinen persönlichen Gott gibt, keinen Gott, der sich seiner selbst bewusst ist, kann es auch keine Schöpfung geben. Die Welt, wie wir sie erleben, so heißt es nach dieser Lehre, sei eine bloße Scheinwelt. Nicht nur die Dinge, die wir sehen, hören, fühlen, schmecken und riechen, würden nicht wirklich existieren, sondern auch wir selbst als Einzelwesen seien nur Schein. In Wirklichkeit sei alles zusammen das »All-Eine«. Zu meinen, es gäbe eine Vielfalt von Dingen: Lebewesen, Menschen oder auch Götter, sei das Ergebnis eines Unfalls, einer Urkatastrophe, und diese müsste behoben werden, damit unser Unglück ein Ende finden könnte.

Auch die Wiedergeburten, so heißt es, könnten da nicht weiterhelfen. Für gebildete Hindus und Buddhisten sind sie genau das, wovon es sich zu befreien gilt. Vorgestelltes Ziel ist es für sie, sich aufzulösen im All-Einen und damit als Einzelwesen nicht mehr zu existieren. Um dieses Ziel möglichst bald zu erreichen, dazu werden von verschiedenen Lehrern unterschiedliche Wege und Methoden angeboten. Eine dieser Methoden, die sich dann zu einer eigenständigen Religion entwickelt hat, ist der Buddhismus.

JESUS UND DER BUDDHISMUS

Der Buddhismus ist im Gegensatz zum Hinduismus ganz das Werk einer Stifterpersönlichkeit: Siddhartha Gautama, der etwa 450-370 vor Christus gelebt hat. Er verwendete die Bezeichnung Buddha (der Erwachte) sowohl für sich selbst als auch für denjenigen, welcher schon früher so wie er aus eigener Kraft, ohne fremde Anleitung, die Reinheit und Vollkommenheit seines Geistes erreicht und somit eine grenzenlose Entfaltung aller in ihm vorhandenen Potenziale erlangt hat: vollkommene Weisheit und unendliches, gleichwohl distanziertes Mitgefühl mit allem Lebendigen. Er hat bereits zu Lebzeiten Nirvana (das Überweltliche) verwirklicht und ist damit nach buddhistischer Überzeugung nicht mehr an den Kreislauf der Reinkarnation (Wiedergeburt, Seelenwanderung) gebunden.

Als indischer Fürstensohn lebte Siddhartha im Reichtum innerhalb der Luxusgesellschaft seines Schlosses. Aber mit 29 Jahren ließ ihn der Gedanke an Alter, Krankheit und Tod nicht mehr los. Er verließ das Schloss, zog sich in die Einsamkeit zurück und suchte bei brahmanischen Weisen den Weg zu Ruhe, Frieden und Erlösung. Eines Nachts hatte er dann nach eigener Aussage das innere Erlebnis einer Erleuchtung über das, was er als »die vier edlen Wahrheiten« bezeichnete:

a. Alles Leben und Tun ist Leiden.
b. Ursache des Leidens ist die Begierde: nach Sein und Leben, nach Macht und Lust.

c. Erlösung vom Leid geschieht durch Vernichtung der Begierde: dadurch hören die Wiedergeburten auf.
d. Der Weg zur Vernichtung der Begierde ist der »achtteilige Pfad« der richtigen sittlichen Haltungen.

Von da an bezeichnete Siddhartha sich selbst als »der Buddha«, das heißt »der Erleuchtete«.

Buddha sagt kein Wort über Gott oder Götter,
obwohl er über den letzten Sinn des Lebens, über Erlösung und das Eingehen in einen endgültigen Zustand spricht. Er scheint daher der unter gebildeten Hindus vorherrschenden pantheistischen Richtung angehört zu haben, für die es keinen persönlichen Gott gibt, sondern nur »das Göttliche«, das unpersönliche All-Eine. In der späteren buddhistischen Tradition wird die Auflösung des Einzelwesens im All-Einen als Nirvana, das heißt »Erlöschen« bezeichnet.

Wenn der Mensch durch Meditation die vier Wahrheiten und den achtteiligen Pfad erkannt hat und danach lebt, kann er sich nach buddhistischer Lehre selbst vom Kreislauf der Wiedergeburten erlösen und geht ins Nirvana ein, wo alles Sein und damit alles Leid erlischt. Das Nirvana wird charakterisiert als das Aufhören aller Veränderungen, vollkommene Ruhe, absoluter Friede, Abwesenheit von Begehren, Wahn und Trübsal.

Der Buddhismus hat sich in drei Richtungen
hinein entwickelt. Die Erste nennt sich Hinayana (Kleines Fahrzeug). Diese hat im Wesentlichen die ursprüngliche Lehre Buddhas erhalten und wird in Reinform fast nur von Mönchen in Klöstern praktiziert. Innerhalb dieser Richtung wurden hauptsächlich die Lehrsätze weiterentwickelt, die den Lebenstrieb als sinnlos bezeichnen. Man betonte vor allem die Überzeugung, das eigene Ich eines jeden Menschen existiere nicht wirklich, sondern sei eine Illusion, die man bekämpfen müsse, um vom Leid frei zu werden.

Die zweite Richtung wird als Mahayana,
das heißt Großes Fahrzeug, bezeichnet. Dies ist der »Volksbuddhismus«. Er ist circa 100-200 Jahre nach dem Tod Buddhas in Indien entstanden. Bereits im Kleinen Fahrzeug war davon die Rede gewesen, dass Gautama als Buddha keinen absoluten Einzelfall darstelle, sondern ab und zu im Lauf der Geschichte einzelne Menschen zu Buddhas geworden seien oder in Zukunft werden könnten. Allerdings komme dies sehr selten vor.

Im Großen Fahrzeug dagegen rechnet man mit einer großen Zahl von sogenannten Bodhisattvas. Das Wort bedeutet: der zur Erleuchtung Bestimmte, »Erleuchtungsanwärter«. Dies seien Menschen, die unmittelbar vor der Erleuchtung stehen und dann vorläufig auf diese verzichten, weil sie ohne die Erleuchtung anderen Menschen in der Welt des Leidens besser helfen könnten, sich ihrerseits auf den Weg zu diesem Ziel zu begeben.

Buddhas und Bodhisattvas
werden innerhalb des Großen Fahrzeugs wie Götter verehrt, unter ihnen auch eine Reihe der alten Götter des Hinduismus. Auf diese Weise ist demnach Siddhartha Gautama, den Gott oder Götter nie interessierten, für einen Großteil seiner Anhänger selbst zu einem Gott geworden: zu einem Gott unter vielen Göttern zunächst, später für manche unter ihnen offenbar sogar zum einzigen Gott, den sie verehren. Aber auch innerhalb des Großen Fahrzeugs gilt für alle, die derartigen Gedankengängen folgen können, die pantheistische Grundkonzeption: Das Absolute, die einzige wahre Wirklichkeit, ist das unpersönliche All-Eine; alle Einzelwesen, letztlich auch Buddhas und Bodhisattvas, sind nur Schein, der sich im All-Einen auflösen muss, damit alles gut wird.

Die dritte Richtung heißt Vajrayana,
das heißt das Diamantene Fahrzeug, das besonders in Tibet vertreten ist. In dieser Form wird der Buddhismus des Großen Fahrzeugs durch viele neu hinzukommende, örtliche Götter berei-

chert. Hier wird nicht mehr die Flucht aus der Welt gesucht, sondern die sogenannte große Seligkeit. Diese wird angestrebt durch Meditation anhand von geometrischen Figuren, den sogenannten Mandalas, zugleich aber auch durch Aufsagen von magischen Formeln und durch erotische Praktiken.

Hindus und Buddhisten können Jesus als einzigen Erlöser aller Menschen kraft seines Opfertodes und seiner Auferstehung nicht akzeptieren, denn für sie bedeutet Erlösung immer Selbsterlösung.

Begriffe wie Sünde und aktiver Kampf gegen das Böse sind dem Buddhismus unbekannt. Es geht um Meditation und innere Leere. Die Quelle allen Übels ist nach der Erkenntnis des Siddhartha Gautama die Begierde. Ähnlich wie Adam, der aus dem Paradies vertrieben wurde, will auch ein Buddhist wieder zurück in einen Zustand ohne Leiden. Für ihn ist Leiden das Schlimmste im Leben. »Leben ist Leiden, Leiden ist Leben«, hat Buddha gesagt. Es geht darum, wieder mit dem All-Einen, dem Kosmos, dem Universum zu verschmelzen, von dem das menschliche Leben nur getrennt wurde in eine Gut-Böse-Dualität. Das gesamte, sichtbare Leben wird als Illusion angesehen, welcher es durch Meditation zu entrinnen gilt. Das kann nur heißen: Sich zurückziehen aus der Welt, Kloster auf Lebzeiten. Anders – so wird versichert – ist es nicht zu schaffen. Womit wiederum der Großteil der Menschheit vom »Paradies« ausgeschlossen bleibt.

Unglück erfährt der Mensch in diesem Weltbild nur, weil er auch Glück erfahren hat und umgekehrt. Das Böse existiert nur, solange das Gute existiert. Das Ziel der Meditation ist, den Zustand zu erreichen, der beide Erfahrungen bedeutungslos macht. Das heißt, in der Meditation wird innere Leere angestrebt. Nichts festhalten, auch die Inspiration wird beiseitegeschoben.

Wo nichts Erschaffenes mehr existiert (alles ist Illusion), braucht es keinen Schöpfer mehr; wo keine Unterscheidung zwischen Gut und Böse mehr besteht, weil alles eine Quelle ist, ist auch keine echte moralische Verantwortung mehr vonnöten. Verantwortung aber macht es dem Individuum überhaupt erst möglich, »frei« zu entscheiden zwischen Gut und Böse.

Die Lehre des Buddhismus steht in krassem Gegensatz zu den Aussagen der Bibel. Dort lesen wir: »... Siehe, ich stelle heute das Leben und den Tod vor dich ... » (5. Mose 30, 15.19). Der Buddhist erlebt statt dem Aufbau des Individuums einen Abbau der Persönlichkeit.

Der christliche Gott aber weiß um die Schwierigkeit des Menschen mit »Un-Persönlichem« – daher gibt er sich seit Mose als persönlicher Gott zu erkennen, schlussendlich als Mensch: Jesus. Er ist und bleibt persönlich erfahr- und ansprechbar.

Buddhisten versuchen, sich aus eigener Kraft (Moral, Gesetz und Meditation) zu verändern, ohne das Konzept von Erlösung und Vergebung. »Das Leben ist wie ein totes Blatt im Wind«, sagte Buddha. Nicht Gott, sondern der Mensch steht im Mittelpunkt der buddhistischen Lehre. Folglich wird die Wahrheit im Menschen gesucht.

Im 14. Kapitel des Johannesevangeliums, steht, dass Jesus Christus allein der Weg, die Wahrheit und das Leben ist, und niemand zum Vater kommen kann, als durch ihn. Ergänzend steht im 1. Timotheusbrief, im zweiten Kapitel: »Es ist ein Gott und ein Mittler zwischen Gott und den Menschen, nämlich der Mensch Christus Jesus, der sich selbst gegeben hat für alle zur Erlösung.«

Diese Aussagen stehen der hinduistisch-buddhistischen Lehre direkt entgegen. Je tiefer man sich selbst kennenlernt, desto mehr erfährt man seine Schwäche, Sünde und Abhängigkeit. Da ist nichts Absolutes, Kosmisches oder Schöngeistliches. Das ist eine der realsten Erfahrungen im Christsein. Gerade in dieser Schwäche erfahren Christen den lebendigen Gott, die vergebende Gnade

Jesu Christi. Da bleibt keine Angst vor Karma und Reinkarnation: Christen wissen um die Wiedergeburt aus dem »Wasser und Geist« (Johannes 3, 5). Jeder Mensch darf dies erleben, das bringt Freiheit.

JESUS UND NEW AGE

Der Name »New Age« wurde ursprünglich
als Synonym für den astrologisch begründeten Begriff »Wassermannzeitalter« gebraucht. Die seit Ende der sechziger Jahre in Nordamerika und Europa vor allem durch Hippies bekannt gewordene Bewegung des New Age hat vieles von den fernöstlichen Philosophien und Religionen übernommen, die aber nur vorläufige Erscheinungen und bloße Vorstufen seien, um nun endgültig von der neuen esoterischen Weltsicht abgelöst zu werden. Die pantheistische Weltsicht wurde direkt übernommen: Gott ist für Anhänger des New Age nicht, wie für Christen, ein persönliches Gegenüber, sondern ein unpersönliches Es. Ihrer Überzeugung nach ist er mit dem Weltganzen identisch.

Das rationale Denken
sei die Wurzel allen Übels. Dadurch habe sich das »Weltganze«, das ursprünglich ein einziges Ganzes gewesen sei, in unzählige Einzeldinge aufgespalten. Zudem sei die Welt in einer unwiderstehlichen Höherentwicklung begriffen. Es gäbe keine Verantwortung Gott gegenüber, da Gott in der Welt und nicht von ihr verschieden sei; er entwickle sich vielmehr selbst in und mit der Welt. Gott ist die Summe aller Dinge, nicht der Schöpfer aller Dinge wie im Christentum. Außerdem gäbe es im Laufe der Geschichte nacheinander eine Vielzahl von Offenbarungen, entsprechend dem jeweiligen Bewusstseinsstand der Menschen. Begriffe wie Gott, Erlösung, gut und böse seien dynamische Begriffe, die je nach der Zeit, in der jemand lebt, unterschiedliche Bedeutungen hätten. Das Böse sei ebenso notwendig für den Fortgang der Weltevolution wie das Gute.

Jesus Christus steht für New-Age-Anhänger auf einer Stufe mit anderen Propheten, Religionsstiftern und Lehrern. Sie alle sind nach dieser Auffassung »Verkörperung des göttlichen Weltgeistes«. Für Christen ist Jesus der »Herr«, Schöpfer der Welt – und eine Einheit (Trinität) mit dem Vater und dem Heiligen Geist. Jesus ist seit seiner Menschwerdung auch Gottes endgültiges Wort an die Menschheit – und daher für Christen »der Weg, die Wahrheit und das Leben« (Johannes 14,6).

Nach der New-Age-Auffassung hat jeder Mensch von vornherein das Göttliche in sich; er braucht es nur durch Änderung seines Bewusstseins an sich selbst zu heben wie einen Schatz. Erlösung wird demnach als Selbsterlösung verstanden. Jesus wird entsprechend umgedeutet zu einem zwar geistig hochstehenden, aber eben bloßen Menschen, der durch Wort und Beispiel eine solche Selbsterlösung gelehrt hätte und nur auf diese Weise hilfreich sei.

Christen dagegen bekennen, dass Jesus durch seinen Opfertod am Kreuz der einzige Erlöser der Welt ist und Gott nur dann in einem Menschen wohnt, wenn dieser Jesus bewusst annimmt und durch seinen Geist verwandelt ist.

Sünde wird aus der Sicht des New Age als Unvollkommenheit innerhalb einer unendlichen Evolution angesehen, einer Entwicklung des sogenannten »kosmischen Geistes« (Weltgeistes) zu immer Höherem. Für Christen dagegen ist Sünde die zerstörerische Kraft, die von Gott trennt – und bedeutet die Verfehlung des Zieles mit dem Schöpfer in intakter Gemeinschaft zu leben.

Dem christlichen Glauben nach kann Sünde nur durch Vergebung überwunden werden. Genau dazu ist Jesus in die Welt gekommen, er alleine ist die Brücke zu Gott.

Geht es im Hinduismus und im Buddhismus darum, dem Kreislauf der Wiedergeburten zu entfliehen, so wird dieser von den New-Age-Anhängern im Gegenteil in naiv-optimistischer Weise sehr positiv gesehen: Jedes neue Leben sei eine Chance, das Leben besser genießen zu lernen. Im New Age wird mit Reinkarnation, Wiedergeburt in einem anderen, später lebenden Menschen gerechnet, wenn jemand stirbt, der noch nicht reif ist für die Verschmelzung mit dem »kosmischen Bewusstsein«.

Nach christlicher Lehre ist das irdische Leben einmalig und jeder Mensch hat die Möglichkeit nach dem Tod zum neuen Leben bei und in Gott aufzuerstehen – in ein ewiges Leben, das den Tod nicht mehr kennt. Basis ist der gekreuzigte und auferstandene Christus, der in seiner Gemeinde lebt und wirkt.